薛瑞萍班级日志

五（2）班的语文故事 上

薛瑞萍 著

江西教育出版社
JIANGXI EDUCATION PUBLISHING HOUSE
·南昌·

图书在版编目（C I P）数据

五（2）班的语文故事 . 上 / 薛瑞萍著 . -- 南昌：
江西教育出版社，2020.11
（薛瑞萍班级日志）
ISBN 978-7-5705-1978-1

Ⅰ . ①五… Ⅱ . ①薛… Ⅲ . ①小学语文课—教学研究
Ⅳ . ① G623.202

中国版本图书馆 CIP 数据核字（2020）第 139415 号

五（2）班的语文故事（上）
WU（2）BAN DE YUWEN GUSHI（SHANG）
薛瑞萍 著

江西教育出版社出版
（南昌市抚河北路 291 号　　邮编：330008）
各地新华书店经销
江西千叶彩印有限公司印刷
开本 880 毫米 ×1230 毫米　1/32　印张 7　字数 122 千字
2020 年 11 月第 1 版　2020 年 11 月第 1 次印刷
ISBN 978-7-5705-1978-1
定价：36.00 元

赣教版图书如有印装质量问题，请向我社调换　电话：0791-86710427
投稿邮箱：JXJYCBS@163.com　电话：0791-86705643
网址：http://www.jxeph.com

赣版权登字 -02-2020-317

序/言

Preface

只是陪伴

一

1979 年 10 月，赵化玉老师引导同学们写日记。那年我 14 岁，正读初二。14 岁，初二，才开始学写日记！那是怎样一个散漫而魔幻的年代！

倏忽 41 年过去。敝帚自珍的 20 多本自说自话也好，教育论坛上的教学叙事也好，喜马拉雅 App 上的“看云读书”系列讲述也好……都是日记，是寻常岁月在文字和声音里留下的印记。源头，都在教我语文的赵老师那里！

对我来说，日记是生活记录，也是生活本身。记录带来反思。反思与不反思的日子，怎么可能一样？

二

从教 37 年，服务 7 届孩子。

1984 年 8 月入职，我接手的是三年级。2020 年 10 月退休，我告别的是五年级。中间五轮大循环，“心平气和”的这一届是第四轮。其时正值“新课标”勃兴，其时恰逢“信息时代”到来。那些年头的老师，真是既淳朴又浪漫，既飞扬又踏实——

读帖、跟帖、争论、交流……“论坛时代”少有图片，更鲜见视频，大家展示或比拼的就是文字，是文字叙述的实践与思想。诚实的书写总能获得热忱鼓励，让发帖人欲罢不能。

就这样一路行一路写，从“兴致勃勃”到“栀子花开”，实实在在！始于2004年8月30日、结在2010年6月13日的六部“流水账”，是孩子的成长记录、教师的心路历程，也是一个时代的产物和证明。

此情可待成追忆，只是当时已惘然。

倏忽10多年过去，学校及整个教育环境发生了巨大变化。然而同行以及家长，依然记得这套班级日志。大家的记得，也许是对一个时代、一种情怀、一种教育生态的想念吧。

三

再版之际，需要强调的是三点反省。

反省之一：关于写话和日记。

一个突出的过失，就是鼓励进而要求一年级孩子写话。名为“自愿”，然而一年级的家长和孩子哪里禁得起老师，尤其是看云老师的鼓励和刺激！后来我才知道，为了写出得到表扬的那几句，孩子一家往往需要忙到很晚。原本这些时间应该是孩子用来运动、玩耍、阅读和睡觉的。如果老师真的“心平气和”，就该懂得等待，等“时候到了”再让孩子写。那么孩子会少累很多，而且事半功倍。

之后的两届，看云给学生和自己减负，二年级开始写日记，一周一篇，及时点评。事实证明效果更好。《写作课》就是这种反思与实践的记录。

反省之二：关于阅读。

一年级每天背诵两首儿歌，二年级鼓励孩子读整本字书——这就让阅读罩上了求多、求快、求深、求早的“火烧云”。无视“此一阶段”孩子的感觉和需要，减损了儿童阅读应有的从容与舒适。

具体到“儿童经典诵读”，当年的我还是过于强调背诵了。这是对“显性成果”的偏执，应当检讨。当我批评“诗词大会”沦落为“背诵大会”“记忆大赛”的时候，我常常想起自己班上的“赛诗会”。一位女生曾因此紧张到肚子痛。

反省之三：关于考试。

连续贴出的“单元测验情况”说明什么？说明我还是把分数看得太重。这不是基础教育工作者应有的心态。之后两届，看云不再为了分数跟自己及孩子过不去，也不再盯住弱孩子帮扶到底。

终于明白：不管你教得如何努力，也有孩子就是考不及格，且这些孩子有权过“不及格的幸福生活”。也就是说，看云无权要求孩子、家长和自己一起“为了及格而奋斗”。奋斗的结果是：那个家庭终于不能承受“师恩的压力”，让孩子转学走了。

几年之后，当孩子母亲告知原委时，我才明白：教师要自觉限制自己的行为，包括以爱为名的过度期待、过度帮助、过度打扰。否则，教师就是在制造教学污染，令人避之不及。

四

连续性是第一重要的教育原则，也是看云著述的特点。日记嘛！

同是教育叙事，对比《给我一个班，我就心满意足了》和《心平气和的一年级》，同是毕业致辞，对比《投我的影子在你们的卷上》和《世界上最重要的事情》，从浪漫到质朴的一路，流转的是岁月，也是心境。

经典诵读是一种生活方式，也是一种教育理念。在我这里，作为班级实践的儿童经典诵读开始于“心满意足”那一届，具体地说，是开始于1998年9月。

那一届的一年级，我们人手一本《365夜儿歌》；那一届的二年级，我们人手一本注音版《365夜日记》。到了六年级，我们诵《爱莲说》《新月集》，读《铁道游击队》《红日》《我们仨》《汤姆叔叔的小屋》《苏菲的世界》《小王子》……。

将班会和家长会开成读书会；就阅读给家长写信，也是从那一届开始的。

“心满意足”的那一届，我还在“成绩报告册”里私自添加了“阅读”一科。一至六年级，每个孩子的“阅读课”成绩都是具体而实在的，打分依据是各人的诵读状态及读书分享表现。目的就是用分数促使孩子及家长重视阅读，爱上阅读。

“无限信仰书籍的力量！”

苏霍姆林斯基的信念也是我的信念。

五

“班级阅读课程化”是书香班级的硬核所在，课程化的内容和节奏，只能在连续真实的摸索与实践中得以产生和确定。

当《教六年级的日子》在栀子花香中结束，“我们班的阅读课程”也如一条道路在眼前延展。那就是：

1. 向家长募集资金，建立班级书库，保证孩子每天能够借阅一本图书。

2. 一周一个故事，固定时间讲述，讲述内容主要来自班级图书。

3. 以《日有所诵》为材料，日有所诵。

4. 以吟诵的方式学习古诗，一周一首，形成韵律。

“除了吟诵，前三项我几乎都在做。薛老师，原来我也在做阅读！

“刚上课的时候，教室不是有点乱吗？我就让学生读书给我听。低年级读儿歌，中高年级读诗。就一两分钟，很提神，很聚气。我喜欢用小故事创设情境，然后他们自由作画。我还鼓励学生从图画书里找灵感。他们画的时候，我就看书。每个班都有书柜，都有看不完的好书！”8 月 21 日上午，隔壁值班的美术老师说。

是啊，是啊。如呼吸，如饮食；如水渗地，如风入林。我的同事们，不分学科、自然而然——都在做阅读。

六

说说占用思品课的事。

16 年前，2004 年 9 月，校长巡课时就注意到看云课堂的不一样。她既好奇应该紧张的语文课何以可以听音乐，也诧异于思品课何以能够听歌、读书、写作业。前者太过奢侈，后者明显违规。

说服校长的，不是“课改”“整合”以及“完整的教育”“完整的人”这类说辞，而是日子一天天过去，一（2）班呈现的秩序井然的状态。

文明沉静，知书达理。

书香班级是非少，书香家庭幸福多。

这是我的信念，也是我对孩子及其父母的期待。

37 年，我和搭档没有碰到特别难沟通的家长；37 年，校长们——算起来共有 7 任，没有遭遇过来自我班家长的困扰。这是我的福气，也是历任校长对我特别包容的原因。

占用思品课不是一件理直气壮的事情，需要先完成思品课教学任务，需要有“做完整教育”的事实，更需要相对宽松的环境、相对包容的领导。年轻的同行啊，不要被我误导了。

语文课时向来紧张。不要贪多，不要急躁。首先要踏踏实实完成教学任务，其余能做多少做多少。

阅读固然重要，更重要的是我们师生的健康和舒心。

七

关于诵读、吟诵、讲述，都有完整连续的课堂记录出版。这里特别想说的是“班级图书”，这一块儿太重要了！

班级图书对于班上的孩子而言，是草原之于羊儿，河流之于鱼儿。我确信：优质且适宜的班级图书，是集体生活清洁而丰沛的水源。我欣见：课堂不爱发言的孩子们，课间围绕一本好书，说得热火朝天！

而我自己，归根到底，就是在自由阅读、自主探索中走过来的呀。

“心平气和”之后的两届，家长中颇有热爱儿童阅读、熟悉儿童文学的。于是图书选购日益成为“家委会阿姨”的事情，于是承载了爸爸妈妈童年回忆的《大闹天宫》《黑猫警长》《雪孩子》得以进入班级，成为亲子共读的温馨材料；于是老师把《鸡毛信》《雁翎队》《三国演义》带进教室，使得连环画成为孩子们私下交流的“硬通货”。

于是呢，在临近退休的日子里，在2020年这个特殊的夏天，承蒙合肥市62中年轻同行的信任——修订版的班级日志就有了分年级、分学期的班级书单。

要计成本，要兼顾中外，我们的书单一直在更新。定格在这里的，是一个参考与回顾。非常局限，非常个人。然而对于一个孩子来说，数量与深度持续累进的这么多书，就相当于一道瀑流、一条路，可以取一瓢饮，也可以凭借阅读所得线索，走向书店、书城、公共阅览室——走向自我教育的彼岸。

不少中国原创的“老书”已经绝版，这是一件非常令人痛惜的事情！特意录在这里，是纪念，也是期待。

有些书广为人知或一搜便知，有些书年轻人鲜少听闻或几乎淡忘。这是书单信息详略不同的原因。特意标明出版和制作单位的只有经典动画和连环画，是为了表达一份个人的感情。

致敬《连环画报》、上海人民美术出版社、上海美术电影制片厂。它们以良心创作滋养了包括看云在内的几代人，我们不应该忘记。

八

关于世界儿童文学，请尽量购买保留原著插图的版本，这才是严格意义上的正版。

比如《小王子》《西顿野生动物故事集》《杜立德医生的故事》《天使雕像》，作者本人亲笔描绘的插图，是作者在文字之外，为读者开启的一扇心门！

比如《时代广场的蟋蟀》《塔克的郊外》《夏洛的网》《精灵鼠小弟》，盖斯·威廉姆斯和E.B.怀特的插图，是故事不可分割的部分。仿佛骨中之骨，肉中之肉。

还有英格丽·凡·奈曼所作《长袜子皮皮》的插图，笔触之温软与纯净，背景之明澈与空灵，几乎可以在阅读之前，先触动我们的心！还有灰谷健次郎的《兔之眼》，最令本班孩子难忘的，是那些充满力量的插图。至于E.L.柯尼斯伯格的《小巫婆求仙记》——“不看图，你绝对想不到，她是一个黑人小女孩！”

如何习得鉴别插图真伪的眼力呢？彭懿老师的《世界儿童文学：阅读与经典》是可靠的教材。我以为，《世界儿童文学：阅读与经典》《世界图画书：阅读与经典》兼具学术性、思想性、艺术性，是小学语文教师之必读书。

九

“干净”是我对写作的追求，然而“干净”似乎是没有止境的。所以要修订，要删冗。编辑用心做出索引的这一版，定能为你节省时间，带来方便。

至于说到这一套日志的意义，那就是——

陪伴。只是陪伴。

父母也好，教师也好，比起2004年，挑战更多，压力更大。

挑战更多、压力更大的何止教师和父母呢？对于中国来说，“三千年未有之巨变”一直就没有停歇过，所以我们一直在探索和适应中。然而总有一些东西是必须坚守的，那就是——

对儿童的忠诚，对真教育的追求。

忠诚服务儿童，努力实践真教育的同道啊，愿你足下的道路，长远而坚实。

感恩你的开卷！

祝福你和你的孩子！

薛瑞萍

2020年8月23日

我的私学

《孔子的故事》，作者林汉达。

上周四，教师从一群应招者中挑出四名。“下周一，你们只需朗读指定段落。从今晚起，一晚一遍朗读全文。因为通读、通晓才能保证指定段落的朗读声声入耳、句句在心。”

一共八个段落。语言质朴，行文流畅。于质朴流畅的叙述中，有含蓄深挚的情感脉脉涌动。这种风格，正与孔子相配。

> 孔丘，字仲尼，从前人们一直尊称他为孔子。他是春秋时鲁国人。三岁上死了父亲，母亲就带着他搬到曲阜去住，靠自己的一双手来抚养孔子。
>
> 孔子十七岁那一年，鲁国的大夫请客招待读书人，孔子想趁机会露露面，也去了，却被赶了出来：“我们请的都是知名人士，你来干什么？”受了这番刺激，他格外刻苦用功，要做个有学问、有道德修养的人。
>
> 孔子快到30岁的时候，名声大起来了。有些人愿意拜他做老师。他就办了一个书院，招收学生。贵族学生、平民学生他都收。过去只有给贵族念书的“官学”，孔子

办了“私学”，以后贵族独占的文化教育也可以传给一般的人了。

孙琪先读得极好！王同学却有些疙瘩，于是郭乐读“请教老子”，张悦媛读“痛哭子产”。“追求理想”“一心编书”“郁郁死去”——最后三段简洁凝重，孙、郭、张依次读完。如我所愿，今天的朗读，每段都是声声入耳、句句在心。

“虽然朗读任务派给了四名同学，可我相信，可我相信——自己在家朗读全文的好孩子，一定会有的！是谁？请举手！”

五六个孩子举手。“选择喜欢的段落读给大家听。”教师刘胡婧怡说。

> ……孔子一一领受了。他回到鲁国对他的门生说：“鸟，我知道它会飞；鱼，我知道它会游；走兽，我知道它会跑。可是，会跑的可以用网去捉，会游的可以用钩子去钓，会飞的可以用箭去射。至于龙，我就不知道它怎么风里来、云里去，怎么样上天。我见了老子，没法捉摸他，他大概就像一条龙吧。”

“喜欢这一段，因为语言特别美。”女孩儿轻轻说。于是齐读第三段。然后呢，然后就这么边读边议，散散漫漫地交流、讨论。其间教师讲了若干《论语》故事、历史典故。话题多是现场生成的：

1. 孔子办“私学”的好处是什么？

2. 孔子办学收不收费？该不该收费？一捆束脩有损孔子的伟大吗？

3. 教师待遇和文化发展的关系是什么？

4. 为什么说挨骂最多的子路是孔子最喜爱的学生？

5. 为什么说子产“天道远、人道近”的思想在当时很了不起？

6. 一生不能得志，孔子的人生是成功的还是失败的？

临了照例要问：“为什么要读《孔子的故事》？”

学生回答大致如下：

告诉我们当一个好老师很辛苦。告诉我们，为了发展文化教育，老师应当过体面富足的生活。让我们对孔子有了解。知道了孔子是一个谦虚、勤奋、有志气的人。孔子从小没有父亲，是个苦孩子，孔子靠奋斗成了千古圣人，这就告诉我们：奋斗可以改变命运。我们要学习孔子的精神，哪怕几乎饿死、被人打死，也决不放弃理想。

这样的讨论，当然不是每个孩子都有能力、有兴趣积极参与的。“哦呵呵！”有两个家伙闷倦至极，张开大嘴打起了哈欠。

“他们为什么打哈欠？”教师问。

“他们觉得没有意思。”“他们听不进去！”“他们读不动！”

“这说明什么？”教师大声说，“这说明，这恰恰说明，我们需要朗读《孔子的故事》！我们必须在课堂上朗读《孔子的故事》！否则，这些同学可能一辈子都不会完整听人讲孔子的故事！否则，我们就只能看进轻松好玩的文字，却错过了挑战静气与能力、培养静气和能力的好文章。不仅如此，我们还需要在课堂之外读他——林、汉、达！”

下课铃响了，教师转身板书“林汉达”：“读三遍！”

“请记住这个名字，请读他的书。关于中国历史故事，这是老师知道的最好的编写者！”

> 过去只有给贵族念书的“官学”，孔子办了“私学”，以后贵族独占的文化教育也可以传给一般的人了。

私学的意义何止于此！文化的生命在于交流，在于更新。如果教学相长是真理，那么，那些平民子弟必定在接受孔子教育的同时对老师发生影响——弥漫着年轻气息与草根味道的清新活泼的影响。所以，私学之“私”，在于它的有教无类，更在于它是孔子传播政治思想的地方，是孔子和学生教学相长的地方。否则，冲撞最多的子路何以是老师最爱的弟子？否则，作为巨商和外交家的子贡何以要在尽孝三年同学散去之后，又为老师守墓三年？对于这些意气风发的才俊来说，孔子是老师，更是朋友、知音。对于这些重情重义的学生来说，生死睽隔，也不能阻隔他们和老师之间的神交！

有学问，有道德；办私学，传播理想，这也许是为人师者的最高境界，这也许是孔子对后代同行的永恒默示！

作为一名普通的小学教师，我的私学在哪里？就在这样的朗读课堂上，就在这样的阅读指引里。

薛瑞萍

2020年8月23日

目录 Contents

8月 表现出良好的适应性

9月 舍不得错过

10月 / 碧海青天夜夜心

11月 / 绝壁上的优昙波罗花

12月 / 没有礼物的圣诞节

附　录

8月 August

表现出良好的适应性

2008年8月31日 / 星期日 晴

前班主任

五年级了。

去年这个时候，我大言不惭地对朋友说："日志已无以为续。个人以为：截至三年级，以班级为单位的母语教学可能涉及的问题，看云已基本解决。那些不能解决的，属于超出个人的能力和精力之类，我且与之和平共处。以后要做的，就是把自己在实践中摸索出来的路子走实走稳。"

结果怎样？《破茧而出的四年级》，是四本日志中场景化、故事性最弱的一部，却是自己最得意的一部。因为学生一旦爱读，班风一旦定型，教师便挣脱了是非烦恼的泥淖——自然可以从容思索，文字中的叙述成分自然越来越少。

然而随着学校办学的日趋规范化，上面的要求越来越多。时局所迫，班主任事务还是势不可挡地日益繁杂琐碎起来。而我的个性又是最不耐琐碎的。个人以为：中国教师乃至中国教育最缺的，就是属于教师的宽松环境、闲适心态。哦，我那一去不返的悠然岁月啊！如果没有 1984 年至 2004 年整整 20 年的宽松，就绝没有今天的看云。

然而适合看云一人的野路子，未必适合所有的人。自认不能适应形势的看云于是请求卸任。校长要我把这一届带到毕业。考虑到我的教研和写作确实需要充裕的时间、安详的心境，校长主动提出为我配一个处理琐碎事务的副班主任。我谢绝了，答应把这届带完。

没想到学校一下来了七位新教师，所有教师就工作任务、单位调动提出的所有“暂时无法满足”的要求都可以满足了。7 月 14 日，前往新加坡讲学的前一天，得到消息的我一夜未眠。毕竟，做了整整 24 年班主任，一旦解脱，哪怕是自己要求的，也有万般感慨。

“这是正常调整，没什么大惊小怪的。况且我还带着这个班的语文呢。每年都有学生离开，他们不是照样学得很好吗？面对正常调整，家长和学生都要表现出良好的适应性。”

类似的话，我在家长中间反复地说。

其实，需要表现出良好适应性的，首先是看云——这个依然带着语文的前班主任。

28 日上午，学生报到。我对王老师说：“本班语文作业有些特别，根据学生情况，每个孩子的作业量都不同，需要同座根据成绩单上的嘱咐仔细查点。然后，把没有完成作业的学生名单给我。”

下午得到的答复是：“都数过了，都完成了。没一个缺的！而且我一开口，他们都静下来了。我在心里想：62 个人，薛瑞萍是怎么让他们做到说静就静的呢？”听了这话，前班主任很开心，觉得很有面子。

为什么是“62 个人”呢？李卓然转到上海了。临行前，我向她隆重推荐米切尔·恩德的《永远讲不完的故事》和《毛毛》。从孩子母亲那里转来的答复是：“两本我都看过，早就看过了。而且早就送给同学，让他们传着看了。因为太好看了！”这让我高兴了好一阵子。相信到了新学校，李卓然会出类拔萃，并成为所在班级的“读书种子”，如同李德昊、常睿琪、聂大伟。

严老师教二年级了。舒启军调走了。校长不无自豪地说：“新单位对他寄予很大希望，期待舒老师把梦园学校的儿童阅读带动起来，就像陶慧明带动兴园学校那样。”

“从我们小语组出去的，个个都是种子教师！”小安（同事李丽，网名安遮那）很得意。当然，作为组长的她，也够饱满的。上学期的读书课《再见了，艾玛奶奶》，强烈震撼了来自金寨的同行。28 日下午，小安的阅读讲座是校本培训五场讲座当中最为精彩的，引起的震动远远超过外来专家。同日，金寨再次来人，再次发出邀请：希望看云、小安同去金寨，为全县教师做培训。

当然也有不足。“我擦窗户的时候，他们笑嘻嘻地看！没有一个动手的。”回到办公室，王老师跟奚老师说，“薛瑞萍平时也太惯小孩了！到我这里可不行！”

“不是薛瑞萍惯小孩，而是班主任惯自己！你想啊，要学生擦窗户就得班主任监督检查，而大扫除都在星期五下午放学之后进行，那时候我往往是要外出的，哪敢让他们爬上爬下自己干！所以，流动红旗极少光顾我们班。这是我失职的地方。”前班主任如是说。

9月 舍不得错过

September

9月1日 / 星期一 晴

教师的糖球

换班主任的事儿，他们很多人早就知道了。在暑假——在班级和教室之外，路上遇见的当儿，亲热的招呼、欢喜的笑容丝毫没有变化。可是在昨天，在教室，教师帮着班主任安排座位的时候，孩子们看我的眼神却有点怪怪的。尤其是后排的几个女生：韩玉琤、朱丽丽、项文静……目光里有说不出的迷惘和忧虑——让我觉得自己是抛弃孩子的恶母。

忍不住要解释，可是越解释越觉得解释是那样的虚弱。他们努力地听，张张小脸布满若有所思的表情，让教师的表述变得艰难。曾经读过的儿童心理学告诉我：儿童遭遗弃时，往往不是责备成人，而是自责。想到这一点，心头一阵刺痛。有什么办法让他们知道，尽管不做班主任了，可我还是一样地喜欢他们——甚至可以喜欢得更好呢？

是课文启发了我。《师恩难忘》，这是一个关于讲述的讲述。“明天，我给他们讲故事！而今的我，无限信仰故事的力量，无限信仰讲述和朗读的力量！”电话里，我对朋友说，“幸好我不是心血来潮讲故事，幸好四年来他们习惯了听故事！”

上午第一节语文，进到课堂来，二话不说，将小黑板挂上。“糖球”“新美南吉”——教师指着上面的两排大字问：“你们谁看懂了？”

“今天，老师要给我们讲故事！故事的名字叫《糖球》！嗯！”晏楚芸满意而期待地顿了顿，“故事的作者是新美南吉。他还写过《去年的树》《小狐狸买手套》。”

“掌声！”

“这是一个关于武士的故事。日本是一个崇尚武士道精神的国家。在日本，武士的地位很高。关于武士，你们有哪些了解？”

“作战勇敢，意志坚强。失败了，切腹自杀！”韩玉琤脱口而出。

“掌声！”

“智、忍、勇，”教师一边写一边说，“这是武士道精神的核心。《糖球》，是关于武士的故事。小船已经离岸，忽然传来叫喊：‘等一等！我要上船！’随着喊声，大路上奔来一个身材魁梧、腰挎长刀的武士。船夫立刻回船靠岸——为什么？”教师冷不丁问。

“人们尊重武士。”“害怕武士。”

“……刚安静一会儿，两个不知死活的小家伙又吵嚷起来。母亲害怕极了！‘别吵了，我给你们糖球吃。’可结果呢？母亲摸出的糖球引起了更加激烈的争吵！为什么？”

“糖球就一个！”

“一直手拄长刀、坐在船头的武士猛然站起！握着长刀，一步跨到母亲和孩子的面前！母亲吓呆了！武士会做什么呢？”

“用长刀把糖球一分为二！”“把那颗糖球要来自己吃了！”“自己掏出糖球，让两个孩子都有得吃！”这便宣告了教师讲述的彻底失败！可惜咯，我的一惊一乍！可惜咯，我的绘声绘色！

“分糖、要糖、给糖，为什么净把武士往可爱的方向想，为什么没有想到武士会对孩子做下可怕的事情呢？”

“因为武士都是能忍的。”“武士不欺负弱者。”“这是一个真武士。”

“真武士”，教师心头微微一震。这是看到电影《追捕》里的杜丘是真武士（因他不畏强暴、同情弱者）和看到电视剧《阿信》里的阿信是真武士（因她坚忍不拔、善良忠贞）时候的震动。每个民族的传统文化都有其健康和腐朽的一面。中国的儒家、道家是这样，日本的神道、武士道也是。

“可母亲为什么害怕呢？”

“因为武士也是有好有坏的！”

“武士手起刀落，‘咔嚓’一声，圆溜溜、硬邦邦的糖球从中间分成了两瓣儿。‘给你！’‘给你！’两个孩子一人一瓣儿安静地吃糖了。武士呢？又坐回原处，前仰后合地打起瞌睡来。”

掌声。久违、热烈的掌声宣示：孩子还是那些孩子，老师还是那个老师——不管她是不是班主任。

“两个小家伙都安静了，让他们安静的仅仅是糖球吗？”“不，两个男孩都很佩服武士。他刀法高超，还有爱心。”第一排的肖君军站起来，有些激动地说。

“他们可能想什么？这两个小男孩。”

“长大了，我也要当一个好武士！”

同样的问题，将在教学中提出。“下面我们打开课本，学习《师恩难忘》。”

融洽、亲密、温暖、甘甜，一切又回到了从前。因为糖球。这是新美南吉的《糖球》，这也是教师的糖球。

9月2日 / 星期二 晴

“可我还是高兴不起来”

相比于第七册的《老师，您好！》，由刘绍棠的《老师领进门》改写而来的这一篇显得深挚感人，因为这里有真实的情感、具体的人。“如果教师不常给学生讲故事，教学感觉会差很多。”电话里，我对小龙（许丹仙）说。

初读之后，教学在闲聊中进行。学生的发言充满好奇。“这个老师好辛苦！这班学生好乖！”“我估计那时候课文都是诗词，所以老师才要把每篇课文都编成故事。”“田老师的故事真好。既把小诗编了进去，又告诉大家要爱护花草，而且充满春天的气息。”“为什么那时候是春天开学呢？”“全校一个班，一个班四个年级，老师怎么教啊？我还是不太明白！”

一边聊，一边读。聊着读着，身心融入课文。仿佛来到“那年正月新春”，仿佛坐在禅意清悠的小学。一齐回到

1942，回到民国年间。老师也好，学生也好，教学和学习是那样的惬意。读过的民国旧事告诉我：淳朴、天然、宽松、自在，正是当时中小学教师的生活环境和精神状态。一样的感觉，我们还可以从魏巍的《我的老师》里得到。

该教师发问了。"对比 1942 年的乡村小学和今天的 62 中，你更愿意在哪里读书？"

所有男生都愿意到小庙去！绝大多数女生也是！"我感觉他们的日子很惬意。"李旭冉无限向往，"学校在庙里，而庙呢，一定是在山上！每天上学爬山走路，还能听见鸟叫，看见野花。多么好！"

"那些孩子好乖，人少纪律好。而且还能大同学教小同学，所以老师才愿意讲故事。"骆梦茹说，"四年听上千个故事，多享受啊！"

张悦媛却是喜欢 62 中的："虽然我们听的故事没有刘绍棠多，可是我们有班级图书，四年里，我们能自己读成千上万的故事！"

第二个问题："你们长大有愿意当老师的吗？"

静悄悄的教室里，无一人举手。"我好失败！"教师颇感沮丧，"居然没有一个弟子愿意做我的同行！"

大约出于同情，有三个孩子举手了。

"我想当老师。当老师可以看很多书。"秦本顺说。"不做老师，你也可以做一个热爱阅读的人！你这不是真心想当老师！”教师毫不领情。不爱阅读的秦本顺沮丧地坐下。

“当老师可以坐着飞机全国各地到处玩！”周子善无限真诚地说。“你爸爸把‘江南小厨’做好了，一样可以带你坐着飞机全国各地到处玩！不必当老师！”教师又一次顶了回去。周子善傻笑着坐了下来。

“我想当语文老师，把老师教给我的知识教给学生。”项文静的安慰引动教师更深的叹息。

“我不想当语文老师，不仅仅是因为语文老师太辛苦，而且也因为语文老师很难当。要口才、文笔都很好才行。而我不行。”晏楚芸说。呵呵，真是谦虚过头了！

“相比于当老师，相比于给学生讲故事，我更愿意做写故事的人。我想当作家！像刘绍棠那样！”韩玉琤大声说，很多女生纷纷点头。

“我好失败！”晚上我跟小龙说，“这是我能想象到的——语文教师所能遭遇到的——最大的失败！”

“看云你不失败。至少你的学生是天真率直、善思考的。回答第一个问题的时候，他们所向往的那时学生的轻松惬意，其实也是那时教师的轻松惬意啊。如今的语文教师，有多少是有兴致、有精力、有时间给学生讲故事的？不是不想，而是不能。他们疲于奔命，他们已在很多无意义的事情上精疲力竭。所以，你也应当为学生知道老师的辛苦而感到欣慰！这说明他们长大了，懂事了。在你的课堂上，学生是在认真严肃地回答教师的提问。原本，他们满可以用言不由衷的高调来迎合你、哄你的。所以你不失败！”

“可是我还是高兴不起来。我觉得自己很孤独。”

“看云你真像个孩子！”

附课文：

师恩难忘

那年正月新春，我不满6周岁，便到邻近的乡村小学去读书。

这个小学设在一座庙内，只有一位老师，教四个年级。当时学生少，四个年级才一个班。老师姓田，17岁就开始教书了。他口才、文笔都很好。

开学头一天，我们排队进入教室。田老师先给二年级和四年级同学上课，叫三年级学兄把着一年级学弟的手描红。描红纸上是一首小诗：

一去二三里，烟村四五家。

亭台六七座，八九十枝花。

田老师给一年级上课了。他先把这首诗念一遍，又连起来讲一遍，然后，编出一段故事，娓娓动听地讲起来。我还记得故事的大意是这样的：

一个小孩子，牵着妈妈的衣襟儿去姥姥家，一口气走了二三里地。路过一个小村子，只有四五户人家，正在做午饭，家家冒炊烟。娘儿俩走累了，看见路边有六七座亭子，就走进一座亭子里去歇歇脚。亭子外边，花开得很茂盛，小孩子伸出小手指念叨着："……八枝，九枝，十枝。"他越看越喜欢，想折下一枝来。妈妈拦住了他，说："你折一枝，他折一枝，后边歇脚的人就看不到花儿了。"后来，这儿的花越开越多，数也数不过来，变成了一座大花园。

我听得入了迷，恍如身临其境。田老师的声音戛然而止，我却仍在发呆。直到三年级的大学兄捅了我一下，我才惊醒。

那时候的语文叫国语。田老师每讲一课，都要编一个引人入胜的故事。我在田老师那里学习四年，听了上千个故事，这些故事有如春雨点点，滋润着我。

有一年我回家乡去，在村边遇到了老师，他拄着拐杖正在散步。我仍然像40年前的小学生那样，恭恭敬敬地向他行礼。谈起往事，我深深感谢老师在我那幼小的心田里，播下了文学的种子。

十年树木，百年树人。老师的教诲之恩，我终生难忘！

9月3日 / 星期三 晴

插柳之恩

以“插柳之恩”为题，是想表达一个哀悼和叹惋的意思。个人以为，刘绍棠以“老师领进门”为题，其好远不如“插柳之恩”。

之所以用错题目，无他，只因身为作家的刘绍棠其实并不懂得田老师的心。敬爱感念并不等于懂得，而看云是自以为懂得的。所以我愿在这篇日志里，就“插柳”二字多说一些。

老师领进门

1942年春天，我不满六周岁，便到邻村小学读书。

这个小学设在一座庙内，只有一位老师，教四个年级。四个年级一个班，一个班共有四十人。

老师姓田，私塾出身，后来到师范速成班受训三个月，十七岁就开始教书了。田老师口才、文笔都很好。

开学头一天，我们叩拜大成至圣先师孔夫子像之后，便排队进入教室。每个一年级小学生，配备一位三年级的学兄带着。田老师先给二年级和四年级学生上课，让三年级学兄握着一年级学弟的小手描红摹纸。红摹纸上，一首小诗：

一去二三里，烟村四五家。
亭台六七座，八九十枝花。

田老师给一年级上课了。他先把这首诗念一遍，串讲一遍。然后，以这四句诗为起承转合，编出一段故事，娓娓动听地讲起来：

一个小孩子，牵着妈妈的衣襟儿去姥姥家，一口气走出二三里。眼前要路过一个小村子，只有四五户人家，正在做午饭，家家冒炊烟。娘儿俩走累了，看见路边有六七座亭子，就走进一座亭子里去歇歇脚。亭子外边，花开得很茂盛。小孩子越看越喜爱，伸出指头点数儿，嘴里念叨着："一枝、两枝、三枝……八枝、九枝、十枝。"他想折下一枝来，戴在耳丫上，把自己打扮得像个迎春娃娃。他刚要动手，妈妈拦住了他，说："你折一枝，他折一枝，后边歇脚的人就不能看景了。"后来，这花越来越多，数也数不过来了，此地就变成了一座大花园……

这个故事我听得入了迷，恍如身临其境。田老师的声音戛然而止，我却仍在发呆。直到三年级的大学兄捅了我一下，我才惊醒。

那时候的语文叫国文，田老师每讲一课，都要编一个引人入胜的故事。一、二、三、四年级的课文都是如此。我在田老师门下受业四年，听了上千个故事，有如春雨点点。

田老师执教四十年，桃李满门，弟子不下三千，现在已年近古稀，退休归里十年了。

我回家乡去，在村边、河畔、堤坡，遇到老师拄着拐杖散步，我仍然像四十年前的一年级小学生那样，恭恭敬敬地向他行礼。谈起往事，我深深感念他在我那幼小的心田上，播下文学的种子。老人摇摇头说："这不过是无心插柳柳成荫。"

十年树木，百年树人。插柳之恩，我终生难忘！

这是我在网上查到的原文（一定还有其他版本）。注意下画线标出来的语句。当被问及原文与课文的语句哪个更好的时候，学生不假思索地嚷"原文更好"，经了启发，他们渐渐能够说出理由。下面是学生的回答及讨论现场。

“1942年春天”比“那年正月新春”好，这就告诉我们刘绍棠上一年级的时候到底是哪一年。好遥远哦，离现在整整66年！

“邻村小学”比“邻近的乡村小学”好，这样读起来更干净，也更顺口。而且文章后面写了“在村边遇到老师”，所以不用说也知道，这所小学一定是在乡村。

“四个年级一个班，一个班共有四十人。”这让我们清楚地知道了小庙小学到底有多少学生。

“私塾出身，后来到师范速成班受训三个月。”这让我们知道了田老师的学习经历，也知道了田老师是怎么当上老师的。满足了我们的好奇心。

“开学头一天，我们叩拜大成至圣先师孔夫子像之后。”老早时候的学校，都是要叩拜孔夫子的！（说着，学生纷纷做叩拜状，教室里一下热闹起来。）

“此地就变成了一座大花园。”（教师提醒大家，教材上“后来，这儿的花越开越多，数也数不过来，变成了一座大花园”是病句，问语病在哪里，并让学生猜原文是怎么写的。周子善说：“我知道毛病在哪里，课文没有告诉我们究竟是哪里变成了大花园。”掌声中，教师让学生在书上郑重添上“此地”二字。）

“一、二、三、四年级的课文都是如此。”更加说明了那些故事让人终生难忘，更加表达了学生对老师的感激。这不是重复，更不是啰唆，不应该删掉。

比起“我在田老师那里学习四年”，“我在田老师门下受业四年”读起来更亲切、更文雅。（“也更有中国味儿！”看云充满自恋地接上，“我希望，将来你们写我的时候这样写——”“我在薛老师门下受业六年，是真正的云门弟子！”异口同声的回答让看云心满意足！）

“在村边、河畔、堤坡，遇到老师拄着拐杖散步。”说明作者回家乡多次遇见老师，每次遇见都恭恭敬敬地给老师行礼。这样写更感人。而且让我们看见一幅又一幅行礼图，在村边、在河畔、在堤坡，不管在哪里，46 岁的作家只要遇见老师，就像四十年前的一年级小学生那样，恭恭敬敬地给老师行礼。

关于“插柳之恩”，学生说不出什么来，于是教师做如下宣讲：有心栽花花不开，无心插柳柳成荫。这是一副名联。春天的柳条具有异常旺盛的生命力，随便折一枝插进泥土，它就能长成一棵茁壮的柳树。田老师的意思是说：作为老师，他只做了自己该做的事情，成名成才是学生自己努力的结果，就像柳枝是靠了自己旺盛的生命力长成大树的。这既是谦虚，也是大实话。老师教得再好，老师付出得再多，如果学生没有慧根、不肯努力，那也是白辛苦。所以，遇到好学生是好教师的福气，遇到好老师更是好学生的福气。因为——没有老师插柳，学生的文学天赋没准儿就错过了生长的春天呢！所以刘绍棠满怀深情地写道："十年树木，百年树人。插柳之恩，我终生难忘！"

"无心插柳。无心，无何心？"

看云独自琢磨的结论是：无心者，无分别心，无急功近利心。无心，就是本着对美好事物的虔诚恭敬，本着服务儿童一生发展的教育良知，让美好事物在学生心田如春雨普润、种子遍撒；无心，就是但问耕耘，莫问收获；无心，就是平心静气，从容不迫。基础教育是作用于根部的教育，秋果岂可夏摘？如果教师迫切地计较着今天的收获，计较着自己名下的业绩——当下的耕作必定动作变形，将来的收获必定不容乐观。然而，这一切哪容教师说了算呢？如今的教育状况（毋宁称之为"反教育状况"更确切！）正逼迫教师硬下心肠对待学生和自己——恨不得春天就能摘出果子来证明自己的能力，保证自己的生存，还谈什么教师的专业发展，论什么儿童的一生成长？

他先把这首诗念一遍，串讲一遍。然后，以这四句诗为起承转合，编出一段故事，娓娓动听地讲起来。

这是怎样自然实在的国文课啊。

悠然自得的无心插柳啊，终生难忘的插柳之恩。到哪里去找那时的教师感觉——真正的教师感觉？

9月4日 / 星期四 雨

跟着感觉走吧

星期四上午，自习和第一节都是语文，于是连起来上“日有所诵”和日记汇报。上学期背完了芷眉编撰的《唐绝句·飞鸟集》，五年级了，云门弟子终于用上了真正的《日有所诵》。

学生齐读，教师正音。学生再读，教师范读。学生边听边回味，为的是选出喜欢的段落和句子为大家朗读。因为是自己选择、自己喜欢的，站起来的孩子个个读得有情有韵。如是错错落落，东一段西一段，后一句前一句，三四个孩子之后，基本上整篇都被喜欢过、朗读过。大家的喜欢又提高了一层。

然后齐读。然后下课。20分钟就这样干干净净地读，来来回回地读。学生不必说出喜欢的原因，教师也不分析好在哪里。以后说不说，分不分析——跟着感觉走吧。

我独自在横跨过田地的路上走着，夕阳像一个守财奴似的，正藏起它的最后的金子。

白昼更加深沉地没入黑暗之中，那已经收割了的孤寂的田地，默默地躺在那里。

天空里突然升起了一个男孩子的尖锐的歌声。他穿过看不见的黑暗，留下他的歌声的辙痕跨过黄昏的静谧。

这是初秋的早晨，孩子用他们稚嫩的声音，一遍好过一遍地、清亮地读着《家庭》。

听着这样稚嫩、清亮的声音，教师的心思飞到了2004年6月，飞到了上届学生即将毕业的那个初夏。

6月4日，星期五。读书课上，张旭升登台，充满感情地朗读了《金色花》和《审判官》。那时候，我还从没有在课堂上提及《新月集》；那堂课，师生一齐惊讶于张旭升流畅动情的朗读。如今想来，在那样一个特殊的日子里，由一个语文成绩极其一般的男生将班级集体带进《新月集》，让教师重新翻开泰戈尔——绝不是一件偶然的事情。

“《审判官》，我把这首诗献给薛老师。因为还有一个月，我们就要分别了……”2004年6月4日，六年级的张旭升说。

电话里，正教着六年级的同行说：“我是去年开始带他们读《日有所诵》的，感觉对于我的学生来说，内容杂了些也难了些。说句不好意思的话，我觉得在我们那里，《日有所诵》作为教师诵读材料更合适！我们那里的语文教师，除了一本教材，不是几乎，而是从来就不诵不读！语言感觉和文学底子太薄！实在应该在要求学生日有所诵的同时，跟着学生一起诵读。否则，嘿嘿，埋头苦干的实质不过是‘毁人不倦’！好作孽哦！”

“没有前面四年四本做底子，直接读诵第五册，孩子自然感觉吃力。等明年你带一年级了，从头做起试试看！感觉肯定不一样。没有人能做出放之四海而皆宜的诵本——我们竭尽全力争取的，也只能是大体适宜、基本适宜。具体怎么操作，具体怎样要求，一切都要教师根据情况灵活使用。当然，这决不意味着《日有所诵》可以一劳永逸。《日有所诵》将不断修订——不断完善。”

9月5日 / 星期五 阴

开张了

“日有所诵”开张了。“云门弟子(五上)”开张了。

这是黄云飞的暑假日记，值得朗读的学生习作。干净、丰富、有情趣——语言之生动、行文之流畅是可以经默读看见、知道的。然而，如果你是对文字敏感的人，当你发声，你就能在眼睛看见、头脑知道的生动流畅之外，由舌尖咂到、耳朵听见文字的韵律，及这种韵律给唇齿、耳膜带来的好滋味、好感觉。这是童真的滋味，这是文学的感觉。

办公室里，我大声念给同事听。语文课上，我原汁原味、有滋有味地将《蚊帐》讲给学生听，并且奖励作者一袋儿小丸煎饼。“收好咯，回家再吃。和爸爸妈妈一起吃！”

“呀，你还给学生奖励零食啊？”对桌的李君华老师有些吃惊。

“是的，特别开心的时候，我就奖励零食。这叫偶然的浪漫。我发现：相比于本子、钢笔之类的文具，有些学生更加喜欢食物奖品。大约，用嘴巴吃进肚子里的东西更能让他们把老师的赏识和期待吸收、消化——从而内化成为身体的一部分，自我的一部分。”

津津有味，既开心又羡慕。他们听《蚊帐》的兴奋劲丝毫不亚于听新美南吉的《糖球》和《小和尚念经》。何必谦虚！这与教师把《蚊帐》讲出“糖味”的诚心与功夫有关。这便给了教师一个很大的启发：以后，就把日记佳作穿插在“糖球”中间讲给学生听。这既解决了小故事货源紧缺的问题，又激发了学生的写作热情。

同时开张的还有“云记书摊儿”。眼保健操时间，教师将 61 本书（因为负担不起借读费，也因为每天上学路途太远且不安全，罗亚倩转回学区所在的香樟花园小学）逐一放到学生桌上：“如果这次到手的是你已经看过的，下课就跟同学换。从下周一开始，书看完了就到老师这儿来换。跟上学期一样，每天老师都要提着一袋书来到教室，这叫——”

“摆摊子！”“卖书咯！”

蚊帐（1）

我们家买了一顶蚊帐，当天晚上就投入使用了。对照说明书，爸爸很快就将它支好。以前，我们都用蚊香、灭蚊水和杀虫剂来对付蚊子。在这些化学品的作用下，夏夜变得安宁了，但在消灭蚊子的同时，会不会对身体产生危害？不得而知。

蚊帐在床上撑起了一片天地。我钻进了蚊帐，就像钻进了笼子，总有种压抑感。蚊子很快聚在了蚊帐上面。没有化学品的晚上，蚊子肯定嗅到了久违的新鲜空气。

有一只蚊子贴着蚊帐“嗡嗡”地飞行，很显然，我的气味已经被它嗅到了，它拼命地想接近我，却总被一层薄纱阻隔着，这让它无比的焦躁和愤怒。它绕着蚊帐飞行，一次次试图用身体撞开蚊帐，都被温柔地推开。最后，它歇在了蚊帐上，这家伙一定是累得不行了。

可是，且慢。我惊诧地发现，它竟然又开始一点一点地横着移动，仔细地检查脚下的蚊帐。只要蚊帐有一个小洞，它最终都能找到并从洞中钻进来。幸亏这是一顶新蚊帐，没有丝毫的破洞。

快看，在帐门那里，一个黑色的小点，在艰难而缓慢地移动。敬酒不吃吃罚酒，有一只蚊子钻了进来。我“啪”一声就能送这小子上西天，不过，我没有这样做，只是把它放出去了。

蚊帐(2)

接下来的情形，让我大吃一惊。又有只蚊子在帐门那找到了一点缝隙，在帐门那里，一个黑色的小点，艰难而缓慢地移动，最后，它顺利地闯进了蚊帐，展开翅膀飞了起来。我被这只聪明的蚊子给吓呆了，以至于忘了一巴掌把它送上西天。当然，它最终还是逃不过我的追击。我在蚊帐中与这只蚊子开始了一场游戏般的战斗。在帐中灭蚊，简直和瓮中捉鳖一样易如反掌。被我追得疲于奔命的蚊子最后疲惫地停落在了蚊帐上，我的两只手掌悄悄围拢过去，将之响亮地歼灭。这是一场漂亮的战斗，然而多少次，梦魇之中，我听到蚊子在耳边发出声音，一巴掌扇过去，脸上留下一座五指山，狡猾的蚊子却喝饱了我的鲜血，从指缝之间溜走了。

我想起七岁的时候，我的夏夜都是在蚊帐的保护中度过的。夜里，爸爸一次次来到卧室中的床上，手里拿着手电筒，在蚊帐里照。蚊子见到光就趴在了蚊帐上一动不动，这时爸爸会把蚊子一下歼灭。我总是在迷迷糊糊中看到这一幕，翻个身又甜甜地睡去。如果蚊帐不能完全阻挡蚊子的侵扰，我还有父母的爱组成的蚊帐。

决不让蚊子从身体里抢走一滴血，这就是蚊帐的原则。

9月8日 / 星期一 晴

有无之间：《爸爸，我爱你》

一、朗读

上午第一节，语文。每周的学习从朗读开始。课时富余了，朗读时间由从前的班会（即自习）20分钟变为如今的整整一堂课。这周我为他们朗读，下周他们做读书汇报。课时富余了，孩子们做读书汇报的中间，教师可以和他们聊教师自己喜欢的童书:《永远讲不完的故事》《长袜子皮皮》《柳林风声》《跑猪噜噜》《彼得·潘》……

《爸爸，我爱你》

［意大利］路易·达·辛/ 文

［意大利］弗兰杰西卡·格里克/ 图

方素珍/编译

小黑板上的内容读过之后，朗读开始了。

罗拉的爸爸是一名火车司机。爸爸上班的时候，罗拉常常想："爸爸的火车今天会开到什么地方去呢？"

爸爸每天工作得很晚，几乎都是在罗拉睡着以后才到家。偶尔，爸爸也会早一点回家，罗拉总是很期待那一天。

画面左下方，罗拉张开双臂雀跃着迎接父亲，两条辫子高兴得飞扬起来。在与之相对的画面右上方，在门口——微笑地站立着高大、强壮的父亲。

"仔细看这幅图，你注意到什么了？"

"光！""金色的光！""爸爸的身体放光了！"

"怎么回事？"

"这是爸爸对罗拉的爱放出的光！""这是罗拉感觉到的爸爸放出的光！"

"整整工作了一天，爸爸的感觉其实怎样？"

"累。""疲倦。""需要休息。"

"爸爸，说一说你的工作，好吗？"罗拉问爸爸，"你今天开着火车去了哪些地方呢？"

"仔细看图，除了老师读到的，你还从画面中读出了什么？"

“罗拉一边踢脚一边说话。”“罗拉很开心，很放松。”“罗拉有一肚子话要跟爸爸说。”“爸爸坐下来了。”“爸爸喜欢跟罗拉谈自己的工作。”“爸爸好亲切、好有耐心、好温暖。”“所以爸爸是放光的！”

> “今天，我把火车开进了森林里！”爸爸微笑着说，“突然，我发现有一棵大树倒在了铁轨上！我立刻紧急刹车，然后从驾驶座上跳下来，嘿哟、嘿哟，终于把大树移开了。噻！幸好没有撞上它。”
>
> “今天，火车突然发生故障，中途停了下来。还好，有一位乘客用萨克斯为大家吹奏好听的音乐。因为他的帮忙，大家才能愉快地等待火车修理完毕。”
>
> “今天，发生了一件很神奇的事情！火车突然加快速度，脱离了轨道，几乎飞到空中去了！后来，它又悄悄地落了下来，所以没有人注意到。”
>
> “今天，所有的车厢都挤满了人，因为太重了，火车就像鼹鼠一样，钻到了地底下。”

“这些都是真的吗？”一阵接一阵的笑声中，教师问。

“不是真的，只有吹萨克斯的事情有可能发生。”

“爸爸为什么要这么说？”

“爸爸爱自己的工作。”“爸爸想逗罗拉开心。”

罗拉问爸爸："真的吗？爸爸。"

"宝贝儿，爸爸说的都是真的！"

"听了爸爸肯定的回答，罗拉会怎么想？"

"开火车真是太幸福、太有意思了！""爸爸的工作好浪漫！"

"你们了解火车司机吗？开火车是否如此浪漫，如此充满奇遇？"

"不是的。开火车其实很辛苦。闷在驾驶室里很单调，而且，而且总要全神贯注。"高岩松说。

"而且责任重大，而且必须准点到达！"教师接着往下读。

有一天，火车到站了，站长板着一副可怕的脸，大声责备罗拉的爸爸："你的火车迟到了！你没有任何理由迟到！"

罗拉的爸爸非常惊讶，他可从来没有迟到过啊！没办法，只好不停地道歉，奇怪的是，他的身体开始缩小，而且变得越来越小……

经过调查，原来是站长看错时间了。这一次，轮到站长不停地道歉了："对不起！我错怪你了！你根本没有迟到！"

不过，罗拉的爸爸还是垂头丧气的，他的身体仍然缩得很小很小。

“拜托你快点变回原来的样子吧！”站长焦急地说。

“我也想变回原来的样子啊，可是，我不知道该怎么办！”

站长试了各种方法，用力拉他的脚，让他吃东西、吃药，可这些都没有用。

“爸爸为什么会变小？”

“受伤太深。”“太委屈了！”“自卑。”“觉得自己好弱小。”

“是的，爸爸太委屈，爸爸受伤太深。爸爸觉得自己很弱小，爸爸好可怜！爸爸变小了，一方面是因为受伤太深，一方面也是出于连他自己都没有觉察到的藏在内心深处的愿望。他太累了。他承受不了。他想回到没有责任、没有压力、容易得到包容和关爱的童年。大人的生活其实很沉重、很紧张，很多时候容不得你犯错误，很多时候即便没错也容不得你解释。所以爸爸要逃回童年！爸爸变小了，这是受伤的结果，这是对伤害的逃避，这其实也是一种期待和寻找。期待什么？寻找什么？让我们接着看——”

最后，站长只好打电话请罗拉过来。

罗拉跑到爸爸面前，紧紧地抱着他说：“爸爸！不管你变得多么小，我都一样爱你！”

这是一幅既温暖又令人心酸的画面：婴儿大小的父亲婴儿般地闭着眼睛，酣睡似的偎在罗拉怀里。不是听训时候的震颤惶恐，不是接受道歉时候的垂头丧气，也不是努力恢复时候的紧张不安。这种松弛与沉酣，是在无条件的亲人之爱里才能有的——无条件的信任与交付，才能有的休养与恢复。

“罗拉跑到爸爸面前，紧紧地抱着他。”读到这里，教师停了下来，“罗拉会怎么说？”

“爸爸，你真让我失望！”晏楚芸说，“你在我心中的形象是高大、坚强的，为什么一下变得这么小，而且回不来了呢？爸爸，你快变回来吧！”

“爸爸，我爱你！爸爸，我好心疼你！不管你是什么样子，你都是我的爸爸！”李欣会几乎是含着泪说。

“爸爸，我爱你！不管你是大是小，不管你变成什么样子，你都是我最好的爸爸！”韩玉琤说。

“这里有两种说法。哪一种说法更能让爸爸变回来？”

“第二种！”异口同声的回答中，晏楚芸的声音最响。

“为什么？”

“爸爸就是因为害怕、委屈和紧张才变小的，如果罗拉也希望他变回来，可能爸爸会更紧张，变得更小了！”高岩松说。

“是啊，连亲人都不能接受自己的变化，不能理解自己的痛苦，不能包容自己的脆弱，这多么不幸！”

听到罗拉的话，爸爸的身体突然开始伸长、拉高，一会儿，他就变回原来的样子了。

回家的路上，罗拉说：“爸爸，我可以去坐你的火车吗？”

“当然可以啦，宝贝儿！下个星期天爸爸就带你去，让你坐在驾驶座后面的位子上，好不好？”

“真的吗？爸爸，就这样约定喔！”

罗拉好期待那一天快点到来。

“看图。夜色清朗。开阔的田野里，回家的长路上，爸爸抱着罗拉。好娇小的罗拉哦，好高大的爸爸！爸爸不是在抱，爸爸简直就是把罗拉——”

“捧在手心呢！”孩子们笑着说。

“这个时候的爸爸，又是从前那个高大的爸爸、强壮的爸爸、神奇的爸爸了。是什么让爸爸恢复了他的高大、强壮和神奇？”

“罗拉对爸爸的爱。”“不管爸爸变得多小都不改变的爱！”

“所以，爸爸的变小，其实是一种寻找和期待——寻找期待一份无条件的爱。这是爸爸最后的希望，这是人在极端脆弱状态下的最后的依靠。”

二、说教

“孩子是父母的心头肉，我们一点一滴的成长都倾注了父母的爱。在这样的爱里，我们不知不觉长大。长大了的我们是否想过父母的艰辛？如果我们只知道索取，如果我们只要求父母理解我们、包容我们，我们又怎能说自己真的长大了？我们对于父母的工作有了解吗？我们像父母关心我们的生活和学习一样关心过父母的生活和工作吗？谈谈看。”

大约两分钟过去，只有三个孩子举手，而且都是农村孩子。

李自成说：“我爸爸工作很辛苦，每天五点多就出门去了。经常连坐下来吃饭的时间都没有，饿了就啃一包方便面。下雨天不能上工的日子里，他就给我写日记。”

马建说：“我爸爸是拉沙土车的。以前我一直以为这很轻松。直到暑假里的一天，我坐到那辆旧车里，才知道那里很颠、很闷热，阳光很刺眼。”

施淑静哭了：“我爸爸妈妈每天从外面打工回来，回到家以后，还要下田干活，一直干到天黑。”

厂里孩子也有发言的了。“从前，爸爸每月工资只有200元，我们租房子住。后来爸爸出国打工，在外国工作三年，回国以后，又到浙江嘉兴打工。爸爸好孤单，好辛苦。我想他。”项文静说。

“父母为了工作、挣钱，在我很小的时候就把我交给爷爷奶奶带。我一直很不满，很埋怨，觉得自己很委屈。别人都和爸爸妈妈生活在一起，只有我是爷爷奶奶照顾我。现在，现在我不这么想了……”邢虎威哭了。很多孩子的眼睛都红了。

“我给大家朗读一篇日记。日记作者是朱丽丽同学的父亲朱圣保。三年级，老师给大家读《图画书：阅读与经典》，全班第一个拥有《图画书：阅读与经典》的是朱丽丽；四年级，我们买《昆虫记》，全班唯一买了全套十本的，还是朱丽丽。可是她家的钱是怎么来的呢？你们听——”

2007 年 11 月 19 日　星期一　晴

凌晨三点多钟，开着摩托车去二十铺打菜，到了批发菜场，我看到有五六家批发菜的店子开工了，我在那里转了一会儿，碰到一家挺便宜的，于是我开始下手打菜了。

首先打了点香菜、菠菜、茼蒿、莴苣，然后打了两篮子蘑菇和大蒜、芹菜，把菜一点点按顺序放好后我就开着摩托车回来了。在回家的路上碰上巡逻的公安干警，他招手让我停车，我把车停了下来，围过来四五个人问我干什么，我就回答说：到二十铺农贸批发市场打菜的，他们于是也没有再说什么，我就开车回家了。到家已经快天亮了。我没有去睡觉，我把各式各样的菜摆放整齐，等待着第一个顾客的到来。

读完之后，教师布置下三项作业：“第一，把《爸爸，我爱你》讲给父母听；第二，请求父母讲讲他们的工作；第三，告诉父母，无论他们怎样，你都爱他们。是否愿意完成，能够完成几项，老师不检查，一切随你自己！今天，老师在故事之外讲了许多道理，我不知道你们懂不懂，懂多少。可老师希望你们多多少少能够懂得一些。所以，今天的朗读课，老师既是无心插柳，也是有心栽花。”

9月22日 / 星期一 晴

我要像别人一样快乐、有出息：《我的爸爸叫焦尼》

一、朗读：这是怎样一个父亲呢

温馨与酸楚彼此渗透，无奈与达观互为包孕；于忧伤的淡灰色雾霭深处，射出了温暖的希望的光。细腻的笔触，精微的感觉；一切的一切，日常之至却纯净高贵。在在处处，让你怦然心动、潸然泪下，于疼痛的同时受到启示与抚慰。

《我的爸爸叫焦尼》

［瑞典］波·R. 汉伯格 / 文

［瑞典］爱娃·艾瑞克松 / 图

彭懿 / 译

在教师手指处，学生看定了小黑板上的第一行字。

“读。”

"我的爸爸叫焦尼。"

"读出你的感觉。"

"我的爸爸叫焦尼！"

"再读！语气要确定，感觉要确定！"

"我的爸爸叫焦尼！"

"什么感觉？"

"自豪。"马建说，"很显然，这个小孩，他为自己的爸爸感到骄傲。"

"还有崇拜。他觉得爸爸好伟大。这一定是个了不起的父亲！"李宋杰接着说。

"'我的爸爸叫焦尼！'多么自豪！哦，这是怎样一个了不起的父亲呢？我们好想知道！掌声欢迎鲍秉轩同学为我们朗读——《我的爸爸叫焦尼》！"

学生朗读，教师随朗读同步展示画面。如此，教师便轻松很多；如此，教师就可以留意观察学生表情，用心组织之后的讨论。这是男孩讲述的亲情故事。对故事，孩子有孩子的理解。所以，孩子的朗读，自有教师不能替代的感染力。

"这是我爸爸，他叫焦尼。""这是我爸爸！我们一起看电影！""唔，今天我和爸爸在一起，他叫焦尼！""我爸爸要付钱啦！""今天我是和爸爸一起来的，他叫焦尼。不过，借书的是我，不是爸爸。”

在热狗店、在电影院、在餐馆、在图书馆，一次又一次，狄姆郑重宣告，语气和神情充满自豪。娓娓道来的故事如婉转从容的夜曲，中心句即主旋律回环反复，一再叩击、柔软并纯净着听者的心。教室里的气氛开始是轻松的，渐渐变得有些凝重。火车即将开动，分别的时候到了。爸爸把狄姆抱进车厢，高高举起，请所有人听自己说：“这孩子，是我的儿子。最好的儿子。他叫狄姆！”这时，画面上的狄姆幸福又害羞地闭上了眼睛，而教室里——很多孩子的眼圈却红了。

夜色浓黑，火车远去，站台上巨大的挂钟指向八点。孩子还在挥手，同时最后一次告诉别人：“我在冲爸爸挥手，我在送爸爸呢！我的爸爸叫焦尼！”

火车很快就看不见了。但是从铁轨上还传来了轻轻震动的声音。

铁轨很长、很长，一直通往爸爸住的城市……

所以，火车一定还会回来吧？

载着我最喜欢的爸爸——爸爸叫焦尼。

“最后一幅没有文字，猜猜画的是什么？”

“妈妈来接狄姆了。狄姆和妈妈在一起。”高岩松肯定地说。

果然。

二、讨论：为什么要讲这本书

“静心回忆。说一说，哪幅图强烈地打动了你，当时你的感觉怎样？”

这个问题很简单，很普适，也很重要。由此，课堂进入下一环节：精彩回放，即“白色朗读”。相对于上面的朗读，这是回味与收获；相对于下面的讨论，这是酝酿和准备。

在图书馆，父子相拥着同看一本图书；在咖啡馆，爸爸抱着儿子挑选食物、付钱；在站台，爸爸揽着儿子，嘱咐他好好等妈妈；爸爸走了，孩子站在空旷的站台，望着伸向远方的铁轨——若干孩子发言之后，整本书基本被跳来跳去地重读了一遍。温馨、快乐、忧伤、孤独、思念、期待……渐渐地，画面与文字蕴涵着的东西次第呈现出来。那是学生在发言，那是图画书在对我们说话。

“‘我的爸爸叫焦尼！’多么自豪！哦，这究竟是怎样一个了不起的父亲呢？我们好想知道！还记得朗读之前我们的急切和关注吗？现在，问题有答案了吗？故事已经讲完，我们对爸爸的工作一无所知，我们对爸爸的成就一无所知。

可狄姆为什么那么自豪？他为什么一再向人们宣布‘我的爸爸叫焦尼’？”

“狄姆想让所有人知道，他也有爸爸！”张悦媛说。

“狄姆很自豪，因为他爱爸爸，爸爸也爱他！”李欣会说。

“我们都是和父母生活在一起，而狄姆不是。狄姆有点可怜。”“狄姆爸爸妈妈离婚了。”“狄姆和妈妈生活在一起。”“狄姆平时很想爸爸，而且羡慕别的孩子。”“爸爸从另一座城市来看狄姆，和爸爸在一起的这一天，对狄姆来说很重要、很幸福。所以他很自豪！”“对于狄姆来说，爸爸爱他，这是一件最值得自豪的事情！”孩子七嘴八舌地说。

“对于孩子来说，最重要、最值得自豪的是父母的爱！这是每个孩子健康成长的动力。”教师总结，同时抛出最后一个问题，“老师为什么要讲这本书？”

“让我们珍惜一家子团团圆圆的好日子。让我们好好爱父母。老师还想告诉我们，要对那些失去父亲或者失去母亲，又或者爸爸妈妈离婚的孩子好一些。不要嘲笑他们。”李旭冉说。

“父母其实很爱我们。如果父母因为工作每天回来得很迟，或者因为工作不能和我们一起生活，我们要想念他们，爱他们。”鲍秉轩说。显然，他想起了《爸爸，我爱你》。

“老师，我想替那些跟我们不一样的孩子谈谈感受。”

晏楚芸条理清晰地说，“虽然爸爸妈妈因为特殊的原因而分开了，不再相爱了，但是爸爸妈妈对我的爱是不变的。不管他们当中谁和我生活在一起，他们爱我的心都是一样的。所以，我应该和别的孩子一样幸福地生活。”

“我补充。我接着晏楚芸说。我替狄姆这样的孩子表达感受。”如此这般地交代之后，李旭冉颇有男子气地说，“我要坚强起来，我要好好学习。我要像别人一样快乐、有出息。”

三、题外：多么开心的事情啊！

上周一第一节课，八位同学就八本书做读书汇报。李欣会：《单翼天使》；李智炫：《淘气包王小瞧》；张悦媛：《戴小桥和他的哥们儿》；叶少华：《小狐狸买手套》；郭乐：《让孩子成为爱书人》；邢虎威：《它们是怎么来的》；唐雅馨：《钢铁是怎样炼成的》；鲍秉轩：《地板下的小人》。其中《让孩子成为爱书人》是一本关于图画书的宣传册，有故事也有画面精选，所以孩子读来很有感觉。《它们是怎么来的》则是科普读物，介绍日用百货的生产来源和制作过程。邢虎威重点讲述了一把不锈钢汤匙的诞生经历——这正是男生感兴趣的。

隔周一次，每次从两组 30 个或者 31 个孩子中挑选 8 名宣讲者。报名的人很多，获得机会的自然兴致勃勃，然而对于听众来说，一节课 8 位同学——如此高密度的读书汇报是否会令他们听得闷倦？

事实令我喜出望外，学生听得津津有味！教师一再告诉学生：每次写作都要争取进步。每次能有一点突破，比如题目新颖，比如选材独特，比如一个段落、一句话甚至一个词说得、用得精准别致，那都是值得隆重庆贺的大成就！这次的突破集中在结尾。张悦媛说："我想，如果我们五（2）班都是女生，而老师是孩子气很重的薛老师，那该多么有趣啊！"鲍秉轩则说："听了我的介绍，先别急着看书。赶快到你家地板下面找一找，看看有没有小人。如果找到了，请一定告诉我，请一定不要伤害他们。"

组成元素大致相同：故事梗概 + 精彩片段 + 阅读场景 + 联系生活谈感想。读后感的主体依然是讲故事，这是他们喜欢听的原因。这样的写作，是对所读书的吸收与内化；这样的展示，是对阅读热情的激励与召唤。同时，读书汇报也让"未读者们"对"该书"略知一二。

精力有限，再怎么热爱，我们不可能——也没有必要读遍所有好书；人各有志，再怎么努力，教师也不能让所有孩子都热爱阅读。在被迫或者自愿的诵读、精读、通读之外，热爱或者不热爱阅读的学生，对于无暇阅读、不愿阅读的众多作品，需要海量地略知一二。

对于很多事物、很多知识的一知半解，使我们的眼界变得开阔。我没有通读全书却精读若干片段且读过很多论述的《水浒传》《西游记》《三国演义》《儒林外史》，使我敢于自称对于中国古典小说并非一无所知。一样的道理和方法，我敢于自称对于《浮士德》《神曲》《罗摩衍那》《唐璜》并非一无所知，知道“唐璜式的浪子”是怎样一种人。是这样随缘获得、散漫广博的略知，全方位、多角度地丰富、疏朗了我的精神世界。它们对于我的重要性，一点不亚于诵读、精读、朗读、通读。

广泛略知是生活的必需。善于略知则是一种重要能力。教师就是要创造机会让孩子能够略知、学会略知。

事实证明：只要你给孩子的书是好的，适应其成长需求的，图画书丝毫不会阻滞孩子阅读水平的提升。至于整本书的阅读能力，那是随着年龄增长、胃口强健、同学带动、教师鼓励——到时候自然就有的。既然有了，一本接一本地往下读，一步接一步地往上行就是咯。我们不都是这样自在自然地读出来的吗？

往上长，这是儿童精神发育的内在定向。我们能做和该做的，就是为其生长提供丰富的营养和适宜的环境。

当孩子能够阅读整本书，且能写读书笔记的时候，图画书的朗读更成为必需。对学生而言，这既是对精读深思能力的培养，也是对整本书阅读的补充——学生家庭大多收入偏低，他们无力也不必大量购买图画书。

最重要的：一班人一起读图书，这是多么开心的事情啊。

元素、框架、普适问题，也就是所谓“模式”，这是我们要留意摸索、发现并教给学生或在与同道的交流中逐步完善的。这与创新或者培养创新意识不矛盾。教育既要鼓励别出心裁，也要面向多数。模式对于一些人意味着安全和道路，是行动和方法的指南；模式对于另外一些人则是探索的目标和突破的对象。要紧的是，模式一定要是活泼开放的、随时准备着更新和被重建的。

9月26日 / 星期五 阴

追问：《自相矛盾》

时间：11：00—11：40

地点：合肥南门小学五（3）班

一、细究文本，理解寓意

读题解词，了解学情。由浅入深、由人及己的追问，激活思维，使学生对早就听说或者知道、读过的故事获得既陌生又切身的感觉。

谈谈你对矛和盾的了解。

在冷兵器时代，矛、盾的质量与作战者的关系怎样？

如果你是战士或者习武之人，你舍得在质量上乘的矛和盾上花大价钱吗？你希望你买到什么样的矛或盾？

如果你是只卖矛的，为了最大可能地吸引顾客、招揽生意，你会怎么叫卖？

如果你是只卖盾的，为了最大可能地吸引顾客、招揽生意，你会怎么叫卖？

如果你卖矛的同时又卖盾，你会怎么叫卖？

请班级中语文佼佼者朗读《自相矛盾》。

齐读，正音，学习生字。朗读指导。

抓住“夸口”（说大话），要求读出楚人自以为聪明的神情和语气；抓住“张口结舌”，要求读出楚人漏洞被戳穿的窘迫。顺势追问“张口结舌”的原因。

师生合作演示以矛刺盾，让学生看见非此即彼的两种结果，从而理解“自相矛盾”的意思，知道该成语的寓意。

“你们买不买楚人的矛和盾？”教师问。

“不买！”学生齐答。

举例，加深理解“自相矛盾”。

教师举例：“这是中国人都知道的一则广告，也是为厂家带来兴隆生意的广告。它的前后抵触、自相矛盾，比楚人还明显，比楚人还过分！可这丝毫也不能挡住它的风行全国、妇孺皆知！可见，我们学习或者重温《自相矛盾》是多么必要。这则广告就是：‘今年过节不收礼，收礼只收脑白金。’”

学生举例。

二、代拟广告

楚人叫卖的逻辑漏洞一戳即穿，请为他设计不抵触、没有漏洞的广告语。即在无坚不摧的矛和坚不可摧的盾不能同时存在的情况下，把矛和盾都卖出去。一番吵嚷和努力之后，学生回答：

1. 我的矛无坚不摧。我的盾只有我的矛能戳穿，是世界上最坚固的盾。来买我的矛和盾吧！它们能给你提供最可靠的安全保障，它们能帮助你建立功勋。（教师问："你们买不买？"学生答："买！"）

2. 我的盾坚不可摧。我的矛除了我的盾，什么盾都能戳穿，是世界上最锐利的矛。在战场上我的盾能保你毫发无损，我的矛能让你成为杀敌英雄。快来买呀！（教师问："你们买不买？"学生答："买！"）

三、道德追问

1. 我们可以这样替楚人拟广告词吗？

2. 我们代拟的广告符合事实吗？

（重读课文，两次出现的"夸口"让学生醒悟。）

如果矛并非无坚不摧，盾也并非世界上最坚固的，顾客却听信我们的没有漏洞的广告，从而花钱买了矛和盾，从而放心甚至放松地上了战场，结果怎样？如果盾并非坚不可摧，矛也并非世界上最锐利的，顾客却听信我们的没有漏洞的广告，从而花钱买了矛和盾，从而放心甚至放松地上了战场，结果怎样？

矛、盾，这可是和使用者生死攸关的兵器啊，言过其实的叫卖，这叫什么？（欺骗、虚假广告、谋财害命。）

赢得顾客的正确方法是什么？（过硬的质量和实事求是的宣传。这既是生意兴隆的保证，也是良心安宁的保证。）

两千多年前，韩非写下《自相矛盾》，只是为了提醒人们说话不要自相矛盾。然而，两千多年后的今天，我们学习《自相矛盾》不能只为了让韩非满意！所以老师追问："我们可以这样替楚人拟广告词吗？"最后一个问题，老师为什么这样追问？（"'三鹿'奶粉！"有人脱口而出。接着又是一阵吵嚷。）

是的，以"三鹿"为代表的有毒奶粉，是太多幼儿、太多父母挥之不去的噩梦。精心编织的谎言往往很圆，虚假广告往往诱人。通过这一事例，老师格外想告诉同学们两点：第一……（"说老实话，做诚实人。"学生抢答。）第二，警惕虚假广告，小心上当受骗。

四、重读课文，品赏原文

楚有鬻盾与矛者，誉之曰："吾盾之坚，物莫能陷也。"又誉其矛曰："吾矛之利，于物无不陷也。"或曰："以子之矛陷子之盾，何如？"其人弗能应也。夫不可陷之盾与无不陷之矛，不可同世而立。

板书：

坚不可摧的盾（抵触、矛盾）无坚不摧的矛

9月28日 / 星期日 阴

止于当止，行于当行：《推敲》

（因国庆放假，上星期二的课。）

接着，贾岛就把自己写诗的事告诉了韩愈，并说自己正在犹豫不决，不知道是用“推”好，还是用“敲”好。韩愈也是一位著名的诗人，便很有兴致地思索起来。过了一会儿，他对贾岛说：“还是用‘敲’字更好些。月夜访友，即使友人家门没有闩，也不能莽撞推门，敲门表明你是一个懂得礼貌的人。再说，用‘敲’字更能衬托出月夜的宁静，读起来也响亮些。”贾岛听了，连连点头。

后来，人们就把在写诗和作文时斟酌文字叫作“推敲”。

《推敲》共八段。教学中，教师将重点落在最后两段。“‘敲’的妙处韩愈说得很充分，也得到了贾岛和后人的认同。一个问题！‘推’字有什么妙处？在前面，第二段白纸黑字地写着‘他的敲门声惊醒了树上沉睡的小鸟。’贾岛明明是敲门的呀！试想，如果‘推’字不是有着很深很诱人的妙处，贾岛怎么会想到弃‘敲’用‘推’？想一想，‘推’字对贾岛的吸引力在哪里？”

“‘推’说明贾岛和李凝关系好。贾岛故意推门直接进去，为的是给久别的朋友一个惊喜。”李旭冉说。

“草径荒园，万籁俱寂。这里是李凝幽居，这里的花鸟虫鱼安详自在地生活，极少受到打扰。‘笃！笃！’突然响起的敲门声击碎了树头宿鸟的好梦。出家人都是慈悲为怀且深爱宁静的，听见鸟儿惊恐不安的‘咕咕’‘叽叽’，贾岛心里一定充满内疚。为自己惊扰了鸟儿的酣眠，也为自己打破了月夜的宁静。

“就在那一刻，他后悔不该贸然敲门。是的，对于朋友来说，对于我们人来说，‘敲’是文雅、礼貌的，可是对于睡鸟，对于静夜来说，‘推’才是文雅、礼貌的！因为在出家人心里，世间所有生命乃至天地万物，都是有性灵、须敬重的。这种情怀，身为京官的韩愈，他是绝对不能理解的！所以，我们不要因为贾岛最后确定用‘敲’就小看了贾岛的诗才，忽视了贾岛的情怀。不要因为贾岛最后确定用‘敲’，就看得‘推’字全无是处。”教师猜测并补充道，也不管学生听得懂听不懂。

“‘鸟宿池边树，僧推月下门。’‘鸟宿池边树，僧敲月下门。’哪个好听呢？只要多念几遍，就可以觉出‘敲’字更好。至于‘推’和‘敲’哪个更能显出月夜的宁静，我们则可以有不同的看法。”

“当然是‘推’更安静！而且很和谐！”韩玉琤不假思索地回答。

“你可以坚持你的看法！但我们也需细究韩愈的理由。比如我想说课堂很静，有两句话，一是‘教室里鸦雀无声’，一是‘教室里静得连一根针掉在地上都听得真真切切’。比较一下，哪一句让你觉得更静？”

“当然是第二句！这么多人，针掉地上居然听得见！”韩玉琤大声回答。

“蝉噪林愈静，鸟鸣山更幽。”教师将小黑板挂上墙，指点学生反复念诵。“以噪衬静，以鸣衬幽。在本文，则是以敲衬静——这叫反衬，是常用的写作手法。”

学生记录，课堂归静。其实，教师极不认同“蝉噪林愈静”，一则教师无论如何也不能从蝉儿单调的嘶叫里听出静的润泽，二则前面尖锐的“噪声”早将后面谦柔的“静谧”射穿。因为澄澈、宁静的东西，总是娇贵易伤的。

至于“鸟鸣山更幽”是否绝佳，这又要看各人的感觉啦。

教师在认同“鸟鸣山更幽”的同时，极爱王安石的“茅檐相对坐终日，一鸟不鸣山更幽”。觉得有很深的禅意在。这简直是显而易见的！王安石与佛深有机缘，所以他能写出“春风又绿江南岸”那样生机满满的句子。至于韩愈对佛的排斥，那是文学史上一段尽人皆知的公案，不必我说啦。所以呢，从某种意义上说，“僧敲月下门”是人间诗，而“僧推月下门”则是天地诗。

这些都是远话，此时不合对学生炫弄。今天的任务有两项：一是引导学生给予贾岛、韩愈一样的体察与尊重，二是告诉他们何谓“反衬”。其他的话，能说的时候再说啦。

9月30日 / 星期二 晴

“朦胧而真挚的喜悦”

“妈妈，现在我要给你朗读一首诗，要好好听呀！这是薛老师昨天布置的一项家庭作业：给爸爸妈妈读泰戈尔的《开始》，昨天你一忙，我给忘了。”女儿正在读《日有所诵》，突然想起来什么似的大声嚷嚷着。

“读吧，我听着呢。”唉，这个小迷糊，瞧这记性。

> “我是从哪儿来的，你，在哪儿把我捡起来的？”孩子问他的妈妈说。
>
> 她把孩子紧紧地搂在胸前，半哭半笑地答道——
>
> “你曾被我当作心愿藏在我的心里，我的宝贝。
>
> “你曾存在于我孩童时代玩的泥娃娃身上：每天早晨我用泥土塑造我的神像，那时我反复地塑了又捏碎了的就是你。”

女儿声情并茂地诵读过后，把书交到我手里：“妈妈，你也要给我读一遍。这也是薛老师布置的作业！”于是，我回赠给女儿一个声情并茂的诵读。

“当我做女孩子的时候，我的心的花瓣儿张开，你就像一股花香似的散发出来。

“你的软软的温柔，在我的青春的肢体上开花了，像太阳出来之前的天空上的一片曙光。

“上天的第一宠儿，晨曦的孪生兄弟，你从世界的生命的溪流浮泛而下，终于停泊在我的心头。

“当我凝视你的脸蛋儿的时候，神秘之感湮没了我；你这属于一切人的，竟成了我的。

“为了怕失掉你，我把你紧紧地搂在胸前。是什么魔术把这世界的宝贝引到我这双纤小的手臂里来呢？”

“妈妈，我是你的神吗？”

“你说呢？”

“当然是！我们薛老师说了，每一个孩子都是父母的神，都曾是父母的神。哦，妈妈，这个星期要求背的我已经全部背熟了。”

“哈，这么快！”

其实，对于女儿的背诵能力我从不怀疑。更何况，对于女儿来说，日有所诵已不再是作业，而是一份发自内心的喜好。我惊奇，女儿突然开窍似的迷上了诗歌。

“啊，妈妈，你知道我现在有多喜欢儿童诗，多崇拜写儿童诗的诗人吗？怎么能写出那么好、那么美的诗呢？你听：

草

草是朴素的
它没有花卉
在脚和蹄子下面
它多么卑微

它抵抗着霜
它悄悄萎黄
明年它又虔诚地变绿
陪伴着土地的荒凉

它爱重自己
它更爱重世界
种子和春天来了

它说它愿意让开

思　念

一幅色彩缤纷但缺乏线条的挂图
一题清纯然而无解的代数
一具独弦琴，拨动檐雨的念珠
一双达不到彼岸的桨橹

蓓蕾一般默默地等待
夕阳一般遥遥地注目
也许藏着一个重洋
但流出来，只是两颗泪珠
呵，在心的远景里
在灵魂的深处

绿原的《草》、舒婷的《思念》是女儿当前的最爱。洗澡时、睡觉前，稍有闲暇，她就会情不自禁地自吟自赏。念到兴头，她要让你一起分享：“妈妈，我读得好听吗？”耳熟能详，听得多了，我竟然也会背了。

“我们薛老师喜欢的是傅天琳的《我是苹果》，可我更喜欢《草》和《思念》，你喜欢哪一首，妈妈？”

“怎么说呢？妈妈都很喜欢。苹果可爱，小草朴素，思念真挚——各有各的味道。”

也曾细细地比较了一下这几首诗，我猜测女儿的偏爱也许是她的性格使然，内向的她不喜张扬，含蓄内敛的“小草”正合她的口味，那般自信的“苹果”让她一时难以接受。人各有所爱，不可强求，也许有一天，她会懂得，她会说：“啊，‘苹果’也是蛮可爱的。”

就像老师说的那样，且让她“朦胧而真挚地喜悦”，这样不是很好吗？

（胡婧怡母亲　王芳）

附：

“起床吧！我的神呀！”

胡婧怡

“起床吧！我的神呀！”当郭乐说到这句话时，全班哄堂大笑！

昨天读书课，学完泰戈尔的《开始》，薛老师突然布置给我们一个自愿完成的任务：“回家愿意把这篇《开始》读给爸爸妈妈听的举手！”哇，好多人举手。

今天早上，老师突然问起这个作业。咦？完成的人可比昨天举手的人少了一半哦！郭乐举手说：“昨天，我先问妈妈：‘你是不是曾经把我当作神呀？’妈妈愣住了。随后，我把《开始》读给她听，妈妈这才恍然大悟，说她真的曾经把我当作神耶！”

哇？！受了郭乐的鼓励，又有一些人举手。

“我读了两遍，妈妈没听懂……”

“那你给妈妈解释了吗？施淑静同学。”

“嗯，解释了，妈妈有一点懂了。我让妈妈读给我听，妈妈读得不是很流利，她也读了两遍。”

“你觉得你妈妈读得怎样？”

“还好吧。听妈妈读，我感觉很快乐，很幸福。”

李旭冉也开口了：“我怕妈妈不读给我听，便用了激将法。妈妈在洗菜，我故意读得结结巴巴。妈妈洗完菜，拿过《日有所诵》，亲自读了起来。结果，她读到一半就读不下去了。”老师笑起来：“你还很有做老师的天赋呢！”

听完了那么多同学的回答，郭乐好像又想起了什么：“今天早上，妈妈叫我起床时说：‘起床吧！我的神呀！’”全班顿时哄堂大笑，连薛老师都乐得合不拢嘴了！

“睡觉吧，我的神。”晚上，当我讲完今天发生的故事，妈妈轻轻地对我说。

10月 October

碧海青天夜夜心

10月6日 / 星期一 阴

杰逊的小图书馆：《一个十岁男孩的梦》

一、朗读：书香班级才有的感应

《一个十岁男孩的梦》

杰逊·哈曼德

（父亲）韦恩·哈曼德　（母亲）林达·哈曼德

（犹他州爱尔西诺尔镇）居民 680 人

镇议会议员　镇长马克·罗斯

（当地报纸编辑）哈尔·爱德华兹

国会议员　里根总统

照例挂上小黑板，照例先读板书。教师随读解释“犹他州”“镇议会”“镇议员”“国会议员”。再读板书。如此两遍念过，学生对于故事细节的理解和记忆都将变得轻松。

“看板书，试着猜，这是怎样的一个故事？”

“杰逊·哈曼德居住在一个人口只有 680 人的小镇。他做了一件了不起的大事。国会议员和总统都知道他的故事，都被他感动了。”朱翔宇说。

“是的，是这样的。想知道男孩做了一件什么了不起的大事吗？”

“想！”

> 杰逊·哈曼德 10 岁的时候，决定为他的小镇创办一座图书馆。当时谁也没有把他的话当回事，而现在则不同了。

读完第一段，教师停下来，微笑地看着大家。几乎所有人都迎住了教师的微笑，都在微笑。这是书香班级才有的效果，这是书香班级才有的感应。

杰逊说："我相信我最后会把他逼疯的。"连打了几个星期电话，镇长开始意识到创建一个图书馆对这个孩子来说绝不是一时心血来潮，他建议镇议会同意杰逊的请求，但提出了苛刻的条件。

第一，杰逊一切都得自己干，包括筹备经费、原材料，小镇将不提供任何帮助。第二，即便图书馆办成了，也不提供经费。第三，图书馆开馆时，必须由一个成人负责。

"杰逊怎么回答？"教师问。

"同意前面两条，拒绝第三条。既然大人不给他提供任何帮助，那么大人也没有资格管理小孩创建起来的图书馆！"邢虎威有些生气地发言。"就是！"很多人表示赞同。

杰逊同意了前两条，拒绝了第三条。他说："既然成人不给我帮助，那么我也不需要他们的管理。"他还说，如果镇议会不同意他的意见，他会每天晚上给所有的议员打一遍电话，直到他们同意为止。议员们都知道镇长的经历，只得向杰逊让步了。

"呵呵！"教室里漾起一阵笑，亲切而自豪。

1983年夏天，杰逊的努力得到了最后的承认，全国图书和信息科学委员会向他颁了奖，在椭圆形办公室里他与里根总统对话。因为杰逊受奖后向总统赠送了一张爱尔西诺尔图书馆的荣誉借书证。

1983年冬天，杰逊与父亲又一次匆匆来到镇议会……

“猜！他们这次来干什么？”

“感谢镇议会。”“给议员送借书证。”“要求安装取暖设备。”“世界各地捐赠的图书太多，要求增加房屋。”孩子们各抒己见。李欣会说：“杰逊要上大学了，他请求镇议会派一个人管理图书馆。”教师笑了，一口气读完最后两段。

1983年冬天，杰逊与父亲又一次匆匆来到镇议会，要求任命人员管理图书馆，因为杰逊要离家4年上大学念书。镇议会答应了这项请求，此外还同意把地下室的另一间空屋子也拿出来，并要拿出一笔钱帮助装修一个较大的图书馆。

一个十岁的男孩做了一个梦，使小镇有了一个像样的图书馆，自己也走上了成才之路。现在再不会有人怀疑杰逊是否能坚持下去了。

二、回顾：让故事成为孩子自己的东西

“随便说，谈谈让你感动、难忘的是哪些地方。”

严寒的冬天，杰逊硬是一个人在地下室挺了下来；放暑假了，学校图书馆关门了，小图书馆的借阅量几乎增加了一倍；图书从世界各地源源而来，到冬天，杰逊已经收集到 4 套大百科全书和 1.4 万册其他书籍；“我相信我最后会把他逼疯的”；每周二、周四，杰逊从下午 4 点工作到 6 点；在华盛顿，杰逊向国会议员、记者和旁听者讲述自己创办乡镇图书馆的经过，希望农村图书馆和城里的一样好……零零星星，错错落落——学生的点滴叙述把故事充满感情地回顾了一遍。经由这充满感情的回顾，当故事成为孩子自己的东西的时候，教师就可以提问了。

三、讨论：传播美好事物就是创造美好事物

“第一个问题，梦想是怎么萌发的？”

“杰逊酷爱读书。”“他嫌图书馆离家太远，也嫌每周三本书太少。”“翻阅着小镇图书馆关闭时堆放在仓库里的旧书，他有了开图书馆的想法。”你一句我一句，答案便凑全了。

“仓库的旧书足够他一个人看，这不就得了吗？为什么

还要开乡镇图书馆？”

“爱读书的人都希望别人也爱读书。比如我吧，读过一本好书立刻就想推荐给朋友，然后和朋友交流。否则会觉得很孤独、很无聊。”韩玉琤说，“归根到底，是杰逊太爱读书了！”

“也就是说，创建图书馆的梦想，是从自己对阅读的热爱里，自然而然萌发出来的。再问！实现梦想，是杰逊一个人坚持和努力的结果吗？”

又一阵七嘴八舌，凑齐了杰逊获得的种种帮助。当然，其中最令人感动的是来自父亲的强有力的支持。（1）父亲陪杰逊找镇议会。（2）一个月后父亲提醒他打电话询问申请结果。（3）一个邻居自愿帮忙安装电灯。（4）六七个人帮他们做书架。（5）妈妈、姐姐、哥哥都来帮忙，把地下室收拾得像个图书馆。（6）装修地下室期间，杰逊开始向镇上人家征集旧书。每天晚上父亲帮他开车拉书。（7）镇上人家提供旧书。（8）冬天父亲帮忙安装煤油取暖器。

“再看黑板，再次回顾。如果要你把板书内容一分为二，也就是要你把事件全过程划分为两个阶段，该从哪里划？”

“从哈尔·爱德华兹那里划！杰逊的事迹就是因为他的报道才传遍美国的！”晏楚芸脱口而出。

> 1982年秋天，当地报纸的编辑哈尔·爱德华兹注意到这个犹他州最小的图书管理员，他报道了这件事，一些报刊转载了这个报道，转眼间，这个“犹他州最小的图书管理员”变成了“美国最小的图书管理员”，杰逊出名了。

读完这段，一字一句地，教师说出精心准备的话：“是的，杰逊出名了，不仅闻名全美，而且名播世界！要不然，我们今天怎么会在这里朗读《一个十岁男孩的梦》？一个问题！你怎么看待哈尔·爱德华兹报道之后发生的事情？这个问题有些难度。我不知道自己是否把问题的意思表达清楚了。”

“对于杰逊来说，到学校放暑假，借阅量增加一倍的时候，梦想就已经实现了。他就已经很成功、很幸福了。杰逊只想办好他的小图书馆。讲演、获奖、见总统什么的对于杰逊来说，是可有可无的事情。对于杰逊自己来说，出不出名没有什么两样。”高岩松侃侃而谈，仿佛早有准备。

“是的，杰逊没有想过要出名，”李旭冉比比画画地补充，“出名以后，大学提供奖学金，让他上大学。其实杰逊完全可以自己考上最好的大学，然后工作，挣钱把图书馆办大办好。杰逊只想办好他的小图书馆！”

“是的，对于杰逊来说，对于杰逊那颗文雅、坚定、纯净的心灵来说，出名不出名没什么两样。杰逊对书籍的渴求激发了美国公众的阅读热情，杰逊创办图书馆的经历促使了美国政府重视乡镇图书馆的建设。不知道有多少乡镇、多少家庭因杰逊而变得书香浓郁！这些都是杰逊出名为美国社会带来的好处。美好事物广泛传扬的结果，是让更多心灵、更多地方变得美好。所以，从某种意义上说，传播美好事物就是创造美好事物！最后一个问题：老师为什么要读这个故事？”

“希望我们热爱阅读。”“希望我们珍惜旧书，同学之间换书看。”“希望我们带动别人读书。”“希望我们从小有梦想。”“希望我们为实现梦想努力。”“希望我们能够像杰逊的父母、哥哥、姐姐还有邻居那样，帮助做好事的人，帮助有梦想的人。”

10月7日 / 星期二 阴

碧海青天夜夜心：《嫦娥奔月》

一、后羿悔不悔

满鼻的桂香啊，沁心透脾。正是话说嫦娥的好时候。

“全文共八段，选你有感觉的谈。”

“老师，我对第六段最有感觉。飘飘悠悠地飞升，碧蓝碧蓝的夜空，还有洒满银辉的郊野，这些既让人觉得很美，也让人感到伤心和无奈。嫦娥吞药是迫不得已的事情，她是为了不让逢蒙吃到仙药祸害百姓。其实她好痛苦，其实她好舍不得离开后羿。”

“伤心，无奈。其实她好痛苦，其实她好舍不得离开后羿！韩玉琤你说得真好，所以我要再次朗读这一段！”

嫦娥吃了仙药，突然飘飘悠悠地飞了起来。她飞出了窗子，飞过了洒满银辉的郊野，越飞越高。碧蓝碧蓝的夜空挂着一轮明月，嫦娥一直朝着月亮飞去。

一室感伤的宁静，第一排的谢旭东将头俯进课本。齐读。接着谈。

“我对第七段好有感觉。后羿回来，不见了妻子嫦娥，看见嫦娥在月亮上面深情地凝望着自己，后羿大声呼喊着追赶月亮，却怎么也追不上！好痛苦！”李旭冉说。

“惋惜啊！这么好、这么好的一对夫妻！”马建大声补充着，声音里充满痛苦。

“痛苦、痛惜，一定还有吃惊！除此之外，后羿还会感到怎样？”

“后悔！”李旭冉说，“他不该要那丸仙药。要是他把仙药还给西王母就好了，他们就能一起白头到老了。”

“老师在另一个版本的《嫦娥奔月》里读到：十个太阳是玉帝十个骄纵不法的儿子，后羿能够射日，是因为后羿原本就是天神。羿射九日，得罪玉帝，被玉帝贬为凡人。西王母同情后羿，所以给他仙药，给他重新成仙的机会。当然，我们也可以根据课文，认定后羿是一个了不起的人间英雄，西王母给他仙药，是为褒奖他为民除害。不管后羿是否曾经是神，现在他是凡人。凡人后羿得到凡人梦寐以求的仙药，他是怎么处理的？”

“后羿不愿意离开嫦娥，就让她将仙药藏在百宝匣里。”学生齐读第四段里结尾的话。

“后羿把药交给嫦娥藏起来的心情，你们能不能理解？”

“能！”

“什么心情？”

“爱嫦娥。”“舍不得离开嫦娥。”“还有信任。”

“再问，凡人后羿得到一颗仙药，既舍不得自己一个人吃了，也舍不得还给西王母，他的心情你们能不能理解？”

“能！”

“什么心情？”

“成仙对他还是很有诱惑。”“万一紧急情况有用呢？”“也许他想着将来和王母商量，再要一颗。”“也许他想着先藏起来，慢慢寻找更好的处理方法。”“也许将来他会想到两人分了吃。”

“可是现在，这对恩爱夫妻永远分离了！看着月亮上深情凝望着自己的妻子，此时此刻，后羿心中最强烈的感受一定是什么？”

“后悔！悔不该要那颗诱人的仙药。”学生齐说。

“悔自己爱嫦娥不够彻底和果决！悔自己因为一时软弱失去了亲爱的妻子，失去了人生在世最宝贵的东西！”教师说。

二、嫦娥悔不悔

后羿外出回来，不见了妻子嫦娥。他焦急地冲出门外，只见皓月当空，圆圆的月亮上树影婆娑，一只玉兔在树下跳来跳去。啊！妻子正站在一棵桂树旁深情地凝望着自己呢。“嫦娥！嫦娥！”后羿连声呼唤，不顾一切地朝着月亮追去。可是他向前追三步，月亮就向后退三步，怎么也追不上了。

教师读，学生读。盛建福荣抹起了眼泪：“嫦娥也很后悔。她后悔不该吃药，长生不老成了永远孤独的人。”

“那你们说说，在当时那种情况下，手提宝剑的逄蒙眼看就要搜到百宝匣了，嫦娥该怎么办？”

“就让逄蒙吃了！就让逄蒙和玉兔一起永远待在月亮上！这样对乡亲们反而好！”晏楚芸说。

“哈哈，奔月是嫦娥不得已的选择啊。因为月亮比星星离人间近，因为住在月亮上面可以看见后羿也可以让后羿看见自己。你以为逄蒙也会奔月吗？就算逄蒙奔月，那不是月宫、玉兔的灾难吗？所以，不能让逄蒙吃了！”教师断然地说。

“既然成仙了，为什么嫦娥不可以来去自由，想上天就上天，想到人间就到人间呢？”晏楚芸反问道。

“都是西王母造成的！西王母以为嫦娥趁后羿不在家的时候，偷吃了仙药，所以西王母罚嫦娥只能待在月亮上面，做永远孤独的月亮仙子。”项文静说。

“哦，这样误解嫦娥的不仅是西王母，还有很多凡人，包括诗人呢。所以才有李商隐的名句——”

“嫦娥应悔偷灵药，碧海青天夜夜心！”

“嫦娥吞药是为什么？”

“为了乡亲们不受祸害。”

“吃药的当时她想到后果严重吗？”

“来不及想。”“当时情况紧急，只想到不能把药给逢蒙吃了！”“当时只想到不能让乡亲们遭殃。”

“是啊，乡亲平安的愿望是善良的，夫妻团圆的愿望是美好的。同样善良美好的愿望往往不能同时顾及。情势往往逼迫人们为了一个舍弃另一个。而那被舍弃的也是珍贵、重要的！比如解放军战士——”

“比如奥运会的志愿者。”“比如运动员。”“比如抗震救灾的人。”

“这就是遗憾，这就是悲剧发生的原因。年复一年，当亲爱的丈夫在孤独和思念中老死，当认识的乡亲都被岁月带到另一世界，只剩下自己还在清冷的月亮上忍受没有止境的孤独，嫦娥后悔吗？”

“后悔。”“不后悔。”“又后悔又不后悔。”

三、后羿怨不怨

“后羿怨恨嫦娥吗？”

“不会。”

“为什么？”

“后羿、嫦娥其实是同一种人。”“他俩一个是为民除害，一个是接济穷人，他们都很爱乡亲们。”“后羿懂得妻子为什么这么做。”“后羿爱嫦娥的美丽，更爱嫦娥的善良。”“后羿舍不得独自吃药成仙，就是因为他爱嫦娥的善良美丽。”

“所以他们的爱以及他们的爱情悲剧才会如此强烈而长久地打动世人的心。所以每到八月十五，人们都会祝福嫦娥，期盼团圆。请读第八段。”

> 乡亲们很想念好心的嫦娥，在院子里摆上嫦娥平时爱吃的食品，遥遥地为她祝福。从此以后，每年八月十五，就成了人们企盼团圆的中秋佳节。

四、嫦娥冤不冤

“故事其实还可以有另外两个结局：第一，后羿把药还给西王母，他俩作为人间夫妻白头到老，幸福到老；第二，两人的真情感动西王母，西王母又给了他们一颗药，他们作为仙侣永远相伴。最后一个问题！为什么历史的长河偏偏选择了这样一出悲剧，而不是另外两个圆满的结局？也就是说，世世代代的人们为什么一面同情后羿和嫦娥，一面又要坚持把嫦娥送上清冷的月亮？这样的结局对嫦娥来说冤不冤？”

“冤。”“不冤。”“不冤！”

“为什么不冤？”

“成仙使嫦娥永远美丽。”“孤独使嫦娥让人同情。”“月亮上的嫦娥随时可以看见人间。”“月亮上的嫦娥让人觉得亲近。”“美丽的月亮和美丽的嫦娥很般配。”“嫦娥安慰孤独的人。”“嫦娥提醒我们，世上的事情很少十全十美。”“悲剧更感动人，悲剧有说不出的美！”最后一句是韩玉琤说的。真棒！

“年年有中秋，月月月儿圆。人们编织这个伤感动人的故事，人们硬着心肠把嫦娥送上月亮，其实是要借这个故事，更借顶上高悬的明月，夜夜提醒自己：做善良的人，爱善良的人。珍惜团圆，珍惜感情。记得什么是人生在世最值得珍惜的东西。慰藉那些不得已和亲人分离的人们。”

附：

关于“教学后记”的后记

先自我表扬一下：“写得真好！”

其实，课堂上老师和孩子吵成了一锅粥。教师一会儿一个问题，想到哪儿问到哪儿；学生呢，也是不断截住教师兴致勃勃的感慨，想到什么嚷什么。一个个兴奋得不行。

这篇教学后记实实在在是教师整理的结果。进教室之前完全没有想到课会上成这个样子。“四个问题”完全是师生于无意间碰撞的自然生成——然后归纳出来的。

如果现场是文字记录的这样流畅严谨，教学将是无生机、无意义的。如果后记照录音或录像将师生发言逐字“实录”，则必然丧尽了课堂真实的生命力——那腾跳在教室的空气里和闪烁在孩子眼神中的思维的火花、情感的火花。教室里的空气实录无法传达，孩子的眼神实录无法传达。还有当时窗外婆娑的树影和湿润的风——这些都是课的一部分啊。

为了如实传达，偏要整理归纳。就是这样。

10月8日 / 星期三 晴

跟着小荷儿，重读泰戈尔

很久没有读诗了。

不仅是诗，连最爱的心理学也没有阅读的心情。眼光扫过朋友赠送的书籍，千方百计想寻回心动的感觉，却心如止水。我就像一个对学习丧失兴趣甚至产生恐惧的孩子，已耗尽所有的精力，无力再捧起书本汲取营养了。

开学至今，琐事和压力让疲倦无止、无尽。毕业班的学生，一切都让位于考试，无法逃避的水深火热。至于教师，只要是同行，只要你教六年级，必有相同的沉重与无奈。

第一次月考，尽管老师起早贪黑，使尽全力，成绩一如既往的糟糕。不用说短文分析抓不住要点，更不用说作文的不知所云，单看满卷面的错别字就让人彻底寒心。学校马上采取措施，六位语文老师分别从字、词、句、段入手，进行强化训练，希望学生的成绩能大幅度提高——然而我确信，再怎么强化都没多大用处了。只因今天的挣扎、暗淡来源于昨天的错失、荒废——在语言的敏感期，错过了大量高品位的阅读、诵读，结局早已注定。之前最重要的方面忽视了，如今奢望以师生的健康、愉悦为代价扭转乾坤，多么荒诞，多么悲哀。以至于我发狠下学年重教一年级，从“心平气和”开始，一路“书声琅琅”。只有拥有属于自己的书香班级，给予学生丰富美好的母语滋养，教师才不会面对众多孩子“说话东拉西扯，漫无边际；文章词不达意，言之无物”而倍感焦灼与无力了。

本着对阅读的热爱，不遗余力地推广“日有所诵”，找过校长、教研员，然而直到今天，依然处于青黄不接的阶段。眼前正有一盏明灯在召唤你，指引你，你却无力挣脱束缚。置身于这样的环境，潇洒如我，却也苦闷、颓废了。失去了静心阅读的能力，对于一个以阅读抵抗尘世烦恼的人来说，无疑是绝境。如求救般我躲到了“云门弟子”中，于是，我读到了——

“绿原的《草》、舒婷的《思念》是女儿当前的最爱，洗澡时、睡觉前，稍有闲暇，她就会情不自禁地自吟自赏。念到兴头，她要让你一起分享：‘妈妈，我读得好听吗？’耳熟能详，听得多了，我竟然也会背了。”

哦！小荷儿！小荷儿！那个有着恬静笑容的小女孩居然“稍有闲暇，她就会情不自禁地自吟自赏”，多么惬意，多么幸福。而我因为压力和缺乏韧性就随波逐流、放弃阅读，又该怎样的惭愧啊！

“当我凝视你的脸蛋儿的时候，神秘之感湮没了我；你这属于一切人的，竟成了我的。为了怕失掉你，我把你紧紧地搂在胸前。是什么魔术把这世界的宝贝引到我这双纤小的手臂里来呢？”情不自禁地，我也吟起来。纯净、温馨，在孩子的带领下，我的感觉苏醒了。对于我来说，“日有所诵”不仅仅是孩子的需要，更是老师的需要。

个人认为，在教师读书时间相当有限的情况下，提高教师的文学素养最经济最有效的方法就是背诗——和学生一起诵读，保持柔软与生机，一起破茧而出。一种难以抑制的冲动让我从书架上拿出了《新月集》，饥渴地从头翻阅，最后一遍又一遍地读《玩具》：

我正忙着算账，一小时一小时在那里加叠数字。

也许你在看我，心想：这种好没趣的游戏，竟把你的一早晨的好时间浪费掉了！

孩子，我忘了聚精会神玩耍树枝与泥饼的方法了。

于是我知道，我又有了上路的勇气。把我从谷底拉出来的是泰戈尔，是小荷儿。也许不出一个月，工作的烦琐及艰辛又会扼杀我的热情，让我再次彷徨。到那时，我还会到“云门弟子”中寻找诗意，寻找希望……

（许丹仙）

附：

第一次脱稿朗读

马静婷

铛——铛——铛——！上课铃声响起，哇！一周一度的读书课到来了！

共有7人要读日记——我、郭乐、李欣会、朱“加雨”（翔宇）、邢虎威、胡婧怡、施淑静，老师安排我第五个上去读我的日记。

施淑静呱啦啦读完了，邢虎威也呱呱呱地OK了！朱“加雨”也读完了，轮到李欣会读的时候，我就开始准备了。在家里我准备的是脱稿读日记，可是现在我怕万一忘记了怎么办。我的心里很矛盾，心跳达到每分钟130下。终于轮到我了，犹豫了一会儿，最终还是两手空空地走上了讲台，班上发出了“呜——”的声音。

走上讲台，我开始“读”我的日记，我越“读”越带劲。哎！不过到了最后，我依然有些结结巴巴、婆婆妈妈的……读到最后几句的时候，我差点儿忘了词儿。终于我还是脱稿背完了我的日记。我飞速回到了座位上，同学们为我鼓了掌，此时我的心依旧是每分钟跳动 130 下，过了好一会儿，我才恢复了平静——真不容易啊！

最后，老师把分数报了一下，满分是 5 分，郭乐和胡“蜻蜓”是 4.9 分。我呢？ 4.95 分！

下下周不是还有人读日记嘛！我希望他们也能够脱稿读日记，只要他们胆子大一些，就一定能做到！

10月16日 / 星期四 晴

我们读啊我们唱

这是教师深爱的《黍离》。

比起此前背过的《采葛》《木瓜》《河广》，《黍离》看起来好长哦。

教师朗读。教师解释“黍”“离离”“稷”“行迈靡靡”“中心如噎”。

“老师再读，你们再听。用心听！然后告诉大家，你有什么发现。发现一条读一回，好好读！不要急着抢着说发现。让发现带着我们读，让读带出我们的发现。记住：这是诵读课。诵读课上，第一重要的是诵读。”

彼黍离离，彼稷之苗。
行迈靡靡，中心摇摇。
知我者，谓我心忧；

不知我者，谓我何求。
悠悠苍天，此何人哉！

彼黍离离，彼稷之穗。
行迈靡靡，中心如醉。
知我者，谓我心忧；
不知我者，谓我何求。
悠悠苍天，此何人哉！

彼黍离离，彼稷之实。
行迈靡靡，中心如噎。
知我者，谓我心忧；
不知我者，谓我何求。
悠悠苍天，此何人哉！

“老师，我发现，诗分三段。五行是一段，每段都很像。”

学生用铅笔、尺子在每段的下面画横线，然后齐读全篇。

“老师，我发现，每段最后两行都是一模一样的话。”

“一模一样的什么话？”

“知我者，谓我心忧；不知我者，谓我何求。悠悠苍天，此何人哉！”

“一起读！”

“知我者，谓我心忧；不知我者，谓我何求。悠悠苍天，此何人哉！”

“什么感觉？”

“这人很忧伤，很孤独，觉得没有一个人理解自己。他在叹息，他很伤心。”

“他在叹息，他很伤心，他在呼天喊地！这就是诗歌的主旋律，这就是所谓的一唱三叹！要知道，我们今天读到的《诗经》，都是当时流行歌曲的歌词。来！我们读啊我们唱！”

“彼黍离离，彼稷之苗。行迈靡靡，中心摇摇……”

“老师，我发现，每一段的前四句也很像。只有一两个字不一样。”

“注意每段前四句，看好了！来！我们连起来读。”

“彼黍离离，彼稷之苗。行迈靡靡，中心摇摇。彼黍离离，彼稷之穗。行迈靡靡，中心如醉。彼黍离离，彼稷之实。行迈靡靡，中心如噎。”

“又有什么发现？注意庄稼长势，注意诗人心情。”

学生各抒己见，教师点拨补充。最后教师总结：“彼黍离离，彼稷之苗。彼黍离离，彼稷之穗。彼黍离离，彼稷之实。一段一段下来的是歌曲的段落，也是季节的更替、庄稼的成长。从禾苗青青到抽穗灌浆，然后就可以收获了！我们读。”

“彼黍离离，彼稷之苗。彼黍离离，彼稷之穗。彼黍离离，彼稷之实。”

“行迈靡靡，中心摇摇。行迈靡靡，中心如醉。行迈靡靡，中心如噎。一段一段下来的是歌曲的段落，也是诗人的越来越沉重的忧伤。从心神不宁到恍恍惚惚，最后伤心得要哭出来了！我们读。”

“行迈靡靡，中心摇摇。行迈靡靡，中心如醉。行迈靡靡，中心如噎。”

“从春到秋，光阴似水。流水一样的光阴非但不能洗净心中的忧伤，反而让忧伤越来越重。所以，当谷穗沉沉下垂的时候，诗人的心，也被那谷穗一样沉重的忧伤压得不能承受了。幸好他会写诗，幸好他会唱歌！这就让悲伤有了排解的渠道。来！我们读啊我们唱！”

“彼黍离离，彼稷之苗。行迈靡靡，中心摇摇。彼黍离离，彼稷之穗。行迈靡靡，中心如醉。彼黍离离，彼稷之实。行迈靡靡，中心如噎。”

“这是谁在读？这是谁在唱？这真的只是我们在读吗？这真的只是我们在唱？知道不知道？这样的心曲这样的歌，中国人已经一代又一代地唱了两千五百多年了！‘知我者，谓我心忧；不知我者，谓我何求。悠悠苍天，此何人哉！’当我们也念起这首诗、唱起这首歌的时候，我们就和祖先同呼吸、共悲欢了，我们就找到生命的源头文化的根了。来，我们读啊我们唱！”

“彼黍离离，彼稷之苗。行迈靡靡，中心摇摇。知我者，谓我心忧；不知我者，谓我何求。悠悠苍天，此何人哉！”学生齐读，学生齐摇。恍惚间，教室变成青青陌田——面前摇曳着的，是那已经摇曳了两千五百年的离离黍稷。

《诗经》是我的根。面前的孩子们，也是我的根。

算起来，从头到尾，诵读《黍离》用去了大约六分钟。课堂上贯穿始终的，是师生的诵读和吟唱。教师的发言，只是为了帮助孩子读出感觉。

诵读课上，教师作为的最高境界是让自己“消失”在诗歌和学生的后面。

师者父母心。有哪一个带班的老师不希望自己的才华完全消失——完全融到学生的成长里呢？

10月20日 / 星期一 阴

光读绘本、童话是不够的

我知道对于大多数五年级学生来说，读进《昆虫记》是比较费力的一件事。然而，要想具有刚硬的牙口、强健的肠胃，要想养成深度阅读的毅力和嗜好，他们就得试着啃啃《昆虫记》。一段时间读一篇，哪怕只读几篇呢。因为《昆虫记》给予世界的，不仅是科学、文学方面的贡献，更有字里行间所渗透着的伟大的“法布尔精神”。

对于孩子来说——对于很多成人来说，《昆虫记》是一块硬骨头。然而，这是多么有味道、有营养的一块硬骨头！一旦啃下它来，一旦咂出滋味，它必将在丰富、柔软、灵敏你的心灵的同时，让你的精神的骨骼变得格外清奇、格外强健。

特意选择《蝉的产卵和孵化》，就是替孩子砸开一块小骨头，让孩子吮到其中滋味——并期待他们因这滋味的诱惑从而自己去“砸”自己去啃。

至于此后读或不读，就看各人根性、各人福报了。“今生爱读书，是前世修来的福报。”我的朋友如是说。

朗读分四步进行。

第一步：齐读第七课《金蝉脱壳》要求背诵的两个段落，回顾蝉儿成熟幼虫的脱壳过程及脱壳后的身体变化。

第二步：看黑板（两块小黑板），抓住一系列数字，教师简单讲述蝉儿幼虫出卵壳、成熟幼虫刨坑出洞、成熟幼虫在树枝或草秆上脱壳的全过程。提醒大家在下一环节留意这些数字。

板书：

蝉的产卵和孵化

［法］法布尔

一、幼虫出卵

卵两毫米长、半毫米宽

九月底卵变色，十月初幼虫出卵壳

出壳时间：半小时、几个钟头、一整天

幼虫跳蚤大小，几分钟后遁入土中

二、四年之后成熟幼虫出洞

洞直径 2.5 厘米，深 4 厘米

刨洞时间：几周甚至几个月

三、出洞之后金蝉脱壳

头、喙、前肢、后肢、蝉翼钻出皮套——十分钟

尾巴抽出皮套——半小时

出壳后，两个小时不动不变

身体颜色变深，半小时

上午九时挂在树枝，中午十二时半飞走

第三步：郭乐、邢虎威、教师分别朗读《蝉的产卵和孵化》中幼虫出卵、幼虫出洞、金蝉脱壳三个部分。读完一部分，看一回相应部分的板书，加深理解和记忆，然后接着读。

第四步：讨论（提问及学生发言归纳）

1. 谈谈你对蝉儿的看法。

蝉儿的一生艰辛、孤独、勤劳、可怜，充满危险。蝉儿很智慧，尤其令人称奇的是它刨洞时对土方的处理和出洞前对天气的准确判断。蝉儿充满勇气，具有坚韧不拔的毅力。蝉儿令人敬佩。以后再听到蝉儿唱歌，将不会觉得吵闹烦人，而是满心都是敬佩和感叹。

2.（教师简介法布尔像昆虫一样卑微、顽强，像昆虫一样奋斗不息的一生）联系文章，谈谈你对法布尔的看法。

勤奋、孤独、耐心、细致。有恒心，长期观察，经常

不吃不睡。有爱心，不是把蝉儿当作宠物玩赏，而是充满敬佩、充满爱意地观察记录。有信心，在常人难以忍受的艰难困苦中，相信自己的研究和观察是有价值、有意义的，相信自己的研究总有一天会被世人承认。法布尔就像蝉儿，经历了漫长的地下沉埋和默默奋斗，终于在初夏的阳光下唱出动人的歌。

3. 今天为什么朗读《昆虫记》之《蝉的产卵和孵化》？

老师希望我们读真正的《昆虫记》。老师想让我们知道，世界上各种生命都不容易，都有它们了不起的一面，我们要尊重它们。蝉儿出壳是在九到十月间，现在正是深秋，正是观察虫子的好时候，老师希望我们观察虫子又不伤害虫子。第五课《装满昆虫的口袋》讲的就是法布尔的故事，老师想让我们知道：法布尔不是光捉虫子玩就成为昆虫学家的，为了研究昆虫，法布尔付出了漫长而艰辛的劳动，忍受了几乎一生的偏见、贫穷和孤独。想要有所成就，光靠兴趣是不够的，还要有恒心和毅力。光读绘本、童话是不够的，我们还要读科学书。

10月21日 / 星期二 雨

教学如作战：《在大海中永生》

1997年3月2日上午，一架银色的专机离开北京西郊机场，在首都上空低低地缓缓地绕飞一周，然后穿过云层，飞向祖国辽阔的大海。机舱里安放着全党、全军和全国各族人民衷心爱戴的邓小平爷爷的骨灰。一位以自己的一生带领人民书写中华民族崭新历史的伟人，今天将完成他人生的最后一个篇章。

飞机在高空盘旋，鲜花伴着骨灰，撒向无垠的大海。大海呜咽，寒风卷着浪花，痛悼伟人的离去……

也许，奔腾不息的浪花会把他的骨灰送往祖国的万里海疆；也许，奔腾不息的浪花会把他的骨灰送往澳门、香港；也许，奔腾不息的浪花会把他的骨灰送往宝岛台湾；也许，奔腾不息的浪花会把他的骨灰送向太平洋、印度洋、大西洋……邓小平爷爷的影响超越时代，超越国界，他不仅属于中国，也属于全世界。

骨灰撒大海，鲜花送伟人。

时近中午，专机盘旋着向大海告别。透过舷窗望去，水天一色，波翻浪涌。从那永不停息的涛声中，人们仿佛又听到了邓小平爷爷那震撼人心的声音：

“我是中国人民的儿子，我深情地爱着我的祖国和人民。”

与大海同在，与祖国同在，与人民同在。我们衷心爱戴的邓小平爷爷在大海中永生！

《在大海中永生》，教材要求全文背诵。

我是高度缺乏耐心、高度珍惜课堂分秒的，我从来不做生字听写、课文背诵检查的事情。但是考试时学生们从来都不错，如何做到？方法很简单。首先，生字词抄写从来都在课堂上完成，写错了当堂订正，不端正当堂返工。因为专心致志，所以记得牢靠。其次，要求背诵的内容，要保证学生下课之后八成成诵。八成成诵原因有二：其一，激发点拨，使得学生有饱满的热情反复朗读；其二，厘清段与段、句与句之间的层次关系。帮助学生在大脑中建构起牢固的逻辑框架。否则，仅仅靠那反复朗读完成的硬背，不仅吃力而且容易忘记。更何况，这种分析，既是思维训练，也是写作指导。

课文远离儿童生活和兴趣。教师当然可以使用图文、影像资料，以拉近学生与人物的距离，但我不会这样做——我几乎从来不这样做。第一，太费时间；第二，动辄将文本以外的资料搬进课堂，其实正反映了教师消化、驾驭资料能力的不足；第三，绚烂的资料往往弱化了文本的地位，是真正的本末倒置。

第一段共三句话。句句有问，读过就问。一系列的追问串起朗读，使段落成为紧密的整体。第一句教师问：1. 飞机在首都上空低低地、缓缓地绕飞一周，飞机其实在干什么？（盘旋，告别。）2. 读了这一句，读者自然想知道什么？（乘坐飞机的是谁？是谁在告别首都，飞向大海？）

于是引出第二句。1. 机舱里安放着什么？（机舱里安放着骨灰。）2. 机舱里安放着谁的骨灰？（机舱里安放着邓小平爷爷的骨灰。）3. 机舱里安放着怎样的邓小平爷爷的骨灰？（机舱里安放着全党、全军和全国各族人民衷心爱戴的邓小平爷爷的骨灰。）

第三句顺着问：1. 邓小平爷爷是什么人？（一位伟人。）2. 一位怎样的伟人？（一位以自己的一生带领人民书写中华民族崭新历史的伟人。）3. 邓爷爷去世了，按照他的生前遗嘱，今天要干什么？（今天将完成他人生的最后一个篇章。）

"捐献角膜、解剖遗体，不留骨灰、撒入大海，这是邓小平同志的遗愿。"直到这时，教师才第一次插入关于邓小平的介绍。这一句非同小可，这一句使得学生动情动容——善感的男生肖君军眼圈又红了。趁热打铁重读全段，理解加动情，学生读得很好。

初读阶段已经理出的叙事线索，逐段讲读的过程中要反复提起、反复出现。

"第一段写飞机载着骨灰离开首都，飞向大海。第二段肯定写什么？"（飞机飞到了大海上空，撒骨灰。）朗读第二段，赏析"鲜花伴着""大海呜咽"。

依然抓住叙事线索，引出第三段。让我们把目光聚焦于骨灰。第一段飞机载着骨灰从北京飞往大海，第二段骨灰从飞机撒向大海，第三段当然要写什么？（骨灰落到海上，骨灰被海浪送往四面八方。）第三段教学重点是一组排比句"也许，奔腾不息的浪花会把他的骨灰送往……"，板书"祖国的万里海疆""澳门、香港""宝岛台湾""太平洋、印度洋、大西洋……"理出它们之间越来越远、越来越广的地理关系或其他关系，告诉学生：邓小平奋斗一生，就是为了祖国强大、祖国统一、世界和平，也因此赢得全中国、全世界人民的爱戴。于是总结句"邓小平爷爷的影响超越时代，超越国界，他不仅属于中国，也属于全世界"也就自然带出来了。

“骨灰撒大海，鲜花送伟人。”一副工整的对联。

“飞机告别首都，飞往大海。骨灰已经撒进大海，并被浪花送往四面八方，现在该写什么了？”（飞机告别大海，飞回北京。人民依依不舍告别邓小平爷爷，人民永远怀念邓小平爷爷。）五、六、七三段一气呵成，一气读完。

教学如作战，一堂课、一篇课文扎扎实实解决一个问题，天长日久，战果就很实在、很丰盛了。

10月22日 / 星期三 阴雨

最小的管理员，最小的图书馆

全国最小的图书管理员

晏楚芸

图书馆，一个让人能懂得很多知识的地方。如今，在我们小区还没有图书馆。可是，你肯定没有想到，薛老师读的一篇故事，让我们五（2）班有了六个小图书管理员。你肯定说："哎呀！他们肯定是闹着玩的。"不，你看，他们真像一个个图书管理员，收书、发书、登记，各个环节都不少。是的，他们给大家制作了许多借书卡。

薛老师读的这个神奇的故事名叫《一个十岁男孩的梦》。主要讲一个十岁的男孩杰逊有一个惊人的理想："我要开一个图书馆。"一开始镇长不同意，结果杰逊开始不断打电话，镇长受不了了，才同意。但镇长提出了三个条件：一、你必须自己一个人干；二、所有费用你们出；

三、要有一个成人来看着。杰逊没答应第三条。邻居们纷纷来帮助他装电灯，做橱柜。在他 13 岁那年，图书馆终于开张了。冬天人少，他硬是坐在那里。到了暑假，借书的人又多了。

后来，本地的报纸编辑哈尔·爱德华兹注意到这个镇上最小的图书管理员，便把他登到了报纸上。很快，犹他州爱尔西镇最小的图书管理员变成了全美国最小的图书管理员。他出名了！有一所大学免费要了他，里根总统也在办公室里和他谈了话，他送给总统一张借书卡。最后他又找到了镇长，让他叫一个人代替他，因为他要去外地上学了。

当天下午，邢虎威就开了一个“图书馆”。后来，又有五个人开了“图书馆”。老师笑着说：“你们都当起了图书管理员。”

邢虎威的图书馆 24 小时开放。我真的很怕他们坚持不下来。刘月辰给自己的图书馆起了一个名字：12345 小小图书馆。高岩松也起了一个名字：岩松图书馆。他还做了张卡贴在胸前，卡上写着：岩松图书馆总经理。他还在肖君军胸前贴了一张卡，上面写着：岩松图书馆员工。办得还很正式嘛！

他们还做了一张两面卡。正面写着：正常营业；反面写着：暂停营业。正常营业时，他们会大叫："借书喽，借书喽！"往往一天下来，他们都累极了。

他们就是五（2）班的图书管理员，他们的口号是："要让更多的人看到好书。"

呵！一篇故事居然引出了六个全中国最小的图书管理员。

全国最小的图书馆

叶少华

自从薛老师给我们讲了《一个十岁男孩的梦》的故事后，同学们都想在教室办一个图书馆——就是把家里的书带到教室来，让同学们借。

我们班已经有好几个同学开办了图书馆。其中营业时间最长、生意最红火的就是邢虎威和朱丽丽。

邢虎威是第一个开办的，我从家里带了一本《木偶的森林》给他，让他借给其他同学看，我又从他那儿借了《保卫延安》和《100个智慧故事》两本书。

我在朱丽丽那里借了一本叫《淘气包埃米尔》的书，《淘气包埃米尔》是我借的三本书中最好看的一本。埃米尔是个淘气包，在他身上发生了很多有趣的故事。其中最有意思的是埃米尔把妹妹当国旗，升到旗杆顶上去了，其实只是妹妹想看一看远处的风景，所以让哥哥把自己升到旗杆顶上去的，可大人们总以为是埃米尔故意的。

这是两所全国最小的图书馆。我们应该感谢这两个同学，因为他们把自己的东西带来和我们大家一起分享。

10月27日 / 星期一 晴

善用奖品

王圆圆、鲍秉轩、唐雅馨、李自成、晏楚芸、叶少华分别就《淘气包埃米尔》《西顿野生动物故事集》《爱心企鹅》《丢三落四的小豆豆》《我可以爱你吗，宝贝？》《阿凡提的故事·前人栽树后人乘凉》做读书汇报。

教师照例背墙而立，和孩子一起——带着他们，倾听同学演讲。

开始报分、点评了。他们又一次提起精神。

“王圆圆 4.3 分，最低分。原因很简单，读后感当然可以讲述故事，但……”

“但你不能全抄书！”一个孩子大声说。教师冲说话的方向点点头，“是的，但你不能全抄书！你应当有选择地重新组织故事，这样才能把别人的故事变成你的故事。更何况你的声音小，老师在后面听得很吃力。”

“要把别人的故事变成自己的故事，就需要在通读之后，将整本书在大脑里梳理一遍，选择最喜欢的内容，加上感想写出来。详略结合，有叙有议。从而让大家对全书有了解，从而让大家听到精彩片段，从而让大家有立刻去读的冲动。已经写出这一水准的是鲍秉轩、唐雅馨、晏楚芸，所不同的是：鲍秉轩、晏楚芸的朗读清晰、响亮，有感情，而唐雅馨呢，却磕磕巴巴，辜负了自己辛苦写成的好文章。所以——”教师顿了顿，“鲍秉轩 4.8 分，晏楚芸 4.8 分，唐雅馨 4.7 分。”

鲍秉轩、晏楚芸笑。唐雅馨也笑。看着唐雅馨，教师接着说：“‘很多事情，当初觉得好笑，之后仔细想想，不免难为情。因为自己不够努力，结果把容易的事情给搞糟了。’唐雅馨，你是好学上进的，相信这话不久就会变成你的领悟——这话是谁说的？”教师转脸问大家。

“李自成！”“《丢三落四的小豆豆》！”

“是的，这是黑柳彻子的话；这是李自成从《丢三落四的小豆豆》里精心摘选出来——并且围绕它讲述故事、抒发感想的一句话。真好！这种写法是李自成的首创！”

“啪啪啪！”掌声响起来。

“可惜！”教师又停了停，“可惜他读错字了！把‘黑柳彻子’读成了‘黑柳切子’。”

“还不止这一处呢。”教师快步走上讲台，快速板书，然后指着黑板问，“怎么念？”

“奠定！”几个声音自豪地说。

“可他读成了‘尊定’。为什么不查字典呢？所以啊！可惜啊！尽管写得好，尽管读得响，也只能得到 4.75 分。如果不是紧要处的这两个错音，李自成你原本可以得到 4.85 分的。

“叶少华半脱稿，一边读一边和大家做从容不迫的目光交流。4.75 分。为什么不是最高分？”

“故事、道理太老套！”“阿凡提故事太幼稚！”“他在摇肚子！”很多男生嚷嚷。

“大家的意见你能接受吗？”

叶少华使劲点头，眼圈微微红了。为了半脱稿，谁知道叶少华在家经历了怎样的练习呢！然而教师决意从严要求。教师相信，他们有能力接受严教。

奖品恰好有四样：一小袋蛋糕、一小袋杏仁果、两小袋茉莉香片。“味道很好的！你们一吃就知道了！”前天晚上，在东南大学榴园宾馆，台湾同行苏兰老师如是说。

鲍秉轩、晏楚芸、李自成、叶少华，按照教师的呼唤，他们依次上台。“你的表现最好，你有最大的选择权。来，拣自己最中意的拿！”“要茶！”“要茶！”“要台湾茶！”一片热切的建议声中，鲍秉轩眉开眼笑地捧走了小小一袋高雄特产。“回家我和爸爸妈妈一起喝！”

“我也是！”晏楚芸说。

就分量而言，蛋糕是杏仁果的两倍。李自成却犹豫了：“其实我很想拿蛋糕，可是我又不想显得贪心。我……还是拿这个更小的吧！”

结果，哈哈哈！谁也没有想到，叶少华得到了两块蛋糕。

“蛋糕最实在，蛋糕给得分最高的那一个。杏仁果给第二名。”早上出门前，我对先生说。

“净搞小恩小惠！”

“不要小看了小恩小惠。只要善用奖品，小恩小惠也能蕴含大仁大义、激发大仁大义！”那时是自吹自擂，现在看来，还真是这样了。

“老师心情特别好，为什么？”

“今天我们男生好棒！”

“等着吧！下次一定超过你们！”

11月 绝壁上的优昙波罗花

November

11月3日 / 星期一 晴

重要的是行不是知：《我不想生气》

一、朗读

我是爱生气的，为了保证一周有个好开端，周末基本不敢布置作业。上周五，布置下期中自测卷的基础知识部分。因为每周三篇日记，所以《综合练习》和自测卷里的习作从不要求做。不仅仅是为了减轻负担，也是为了保证习作质量，保护写作热情。

同座之间互查，有七个孩子没有完成。记下名字，勒令上午补完，并且抄写《金蝉脱壳》要求背诵的两段。

沉默，做沉痛状。

“老师什么心情？”教师问。

“生气！”一个孩子回答。

“你什么心情？”

“生气！两天时间，就那么一点点作业也不做完！可能还会不让我们听故事了。”

“生气有没有错？”

“没错！”很多孩子一起回答。

“但是？”

“但是生气是没有用的！”“但是不能气坏了身体！”“但是不能因为他们几个人不好就不给我们读书！”更多的孩子抢着回答。

教师笑了，举起手中的图画书。孩子们都笑了，他们一起念书名：《我不想生气》。

曾经想过让学生朗读，最终还是教师亲自操刀。因为这本书文字虽少，情节和情绪却是起伏跌宕、一波三折。要把这种起伏跌宕、一波三折充分表达出来绝非易事。如果不把这种起伏跌宕、一波三折充分表现出来，课的意义就会大打折扣。

> 当我生气的时候，
> 我的肚子里好像装着一个大火球，
> 马上就、要、爆炸啦！嘭！

教师一边表演一边读，后来简直是喊叫。多么过瘾！多么酣畅！

“哈哈哈哈！”孩子们乐坏了！就这么一路读、一路演、一路看，教师完全投入的朗读和表演，将孩子完全带进了毛毛兔的情绪世界。他们情不自禁地跟着生气，跟着跺——跺空气，跟着喊——无声地空喊，跟着跑——使劲摆臂做狂奔状。

> 哦，每个人都有生气的时候——
> 我好生气，因为有人在笑话我；
> 我好生气，盖得好好的城堡被人毁掉了；
> 我好生气，根本不是我的错，可偏偏怪到我的头上。

个个都是毛毛兔啊——听到这里，个个都在气呼呼。可教师却停下来没心没肺地笑了。因为毛毛兔穿着萝卜服、戴着萝卜帽的样子实在逗人。如果毛毛兔是我的朋友，我一定会像画面上那个可恶的家伙一样指着毛毛兔头顶上的萝卜缨子笑得前仰后合！哦，只有看云的好友才知道，做看云的好友需要多么强的抗嘲笑、抗打击能力！

唔，生气并没有错，

不过，千万别让生气的大火球烫伤自己哦！

毛毛兔把玩偶兔踢飞了。“你喜欢这时的毛毛兔吗？”

“不喜欢。”

“为什么？”

“他不该把火气发泄到玩偶兔身上。”“他现在的做法也很让人生气！”

“那么怎么办？”

“深呼吸！”一个声音高叫着。

翻页，接着看。让学生练习深呼吸，想象生气的时候到自己喜欢的地方独自待着，想象生气的时候向关心自己的人倾诉。直到生气的火球自己瘪了，直到忘了为什么生气。

他们是观众，他们也是毛毛兔。

二、诵读

也许连你自己也不知道，

大火球在你不知不觉的时候会自己瘪掉。

因为嘛，你生气得连为什么生气都忘记了呀！

哈哈，真的好可笑！

孩子还在回味，台词已经发下。如获至宝，个个拿到就念。这简直是必然的——因为文字极好，是即便没有画面，也很能诱人发声去诵的那种。

齐读，满足亲尝与回味的欲望。

两组读，两组看图。看电影似的，再次将画面和声音同时印在心里。

再齐读。这时，已有不少孩子基本能背。

放下讲义，抬头看书。两组一拨儿，一拨儿一页，凭着记忆一页接一页轮流诵出书上的文字。这可是滥竽充数的好机会。听起来一字无误！听起来个个会背！教师不高兴白不高兴。

三、为什么不讨论

为什么不交流生气时候的体验？为什么不分享调节情绪的方法？那样讨论起来一定很热闹。然而那种热闹不是教师想要的。

相由心生的道理，生气伤身又误事的道理，教师讲过——讲过当然有用。然而，仅仅讲道理、仅仅懂道理是不够的。人生在世，重要的不是懂得多少道理，而是能否将懂得的道理付诸行动。至于不能付诸行动的懂得，是否能算真懂得——这是一个没有答案的问题。

面临亚健康威胁的上班族，如何利用点滴余闲强身健体？方法太多，我们每个人都能说出一大堆——很多。可是如果不能坚持去做，知道多少都是白知道啊。白知道一百条，还不如知道一条——持之以恒地践行一条。那才是真修“行”，那才是真知“道”。

今天的目的，不是在他们的头脑里多装些情绪管理的信息，而是通过诵读，通过对语言和画面的无意识记忆，于无意识中强化情绪管理意识，深化情绪管理意识。

当生气的大火球开始燃烧，下意识地念出“我不生气”，然后深呼吸，或者到自己喜欢的地方安安静静地待着，或者找关心自己的人说话——哪怕只有一个孩子能够这样做，哪怕只是一段时间能够这样做——这节课就没有白上了。

11 月 12 日 / 星期三 晴

一如既往

家长：

你们好！

时间紧张，就不做现场发言了。过去四年，开过那么多次家长会；过去四年，做过那么多场激情澎湃的讲演。那些会、那些话，绝不会是白开白讲的！展开信件，相信——从读到的第一句始，你们就能听到熟悉的声音，感受到熟悉的热情。只要在我的职责范围之内，只要是为了孩子的成长，一切的一切，一如既往！

今天给大家通报三件事，要求三件事。请仔细读，请仔细听。

一、通报

第一，期中测验语文成绩情况：

95—100 分，7 人；

90—94 分，17 人；

80—89 分，26 人；

70—79 分，7 人；

60—69 分，4 人。

如果不是因为过分疏忽，不多不少 50 个人在第一题丢掉 4 分，成绩会更好。一次测验分高分低有偶然，我们就拣绝非偶然的说。最让教师高兴的是：经过两年多的训练，就作文而言，全班 61 个学生个个都能做到不打草稿，一挥而就，且篇幅与给定格子相差不过两行。不管内容如何，仅此一条，就足令教师骄傲又佩服了。这种水平所显示的，不仅是语文能力，也是做好任何事情都需要的预见力、统筹力。如果能在内容方面更上一层楼，在将来的语文学习乃至各科学习中，这些孩子必将拥有较大优势。

书写工整会让阅卷人不忍扣分。这一条，绝大多数同学都做得不错。他们够聪明。

第二，教师 2007—2008 年度工作日志《破茧而出的四年级》已经出版，其中收录不少孩子及家长的文字。样书教师已经发给孩子。他们是：胡婧怡、马静婷、韩玉琤、金佳岷、晏楚芸、李自成、李旭冉、盛建福荣、鲍秉轩、张悦媛、李智炫、宋振亚、黄云飞、高岩松、马建、刘月辰、施俊瑞、丁若琳。

第三，开学以来，十位家长坚持写教育周记。他们的热忱，他们的文字，是对教师的鼓励也是对全班的贡献。因为一个班风正、劲头足的班级，必有一批紧跟教师的优秀父母。他们是大家的榜样，教师向他们表示由衷的感谢。奖品已发。他们是这些孩子的家长：高陈、韩玉琤、魏鹏、胡婧怡、李智炫、叶少华、鲍秉轩、郭乐、李自成、李旭冉。

二、要求

延续惯例并结合本次测验，向家长及孩子提出三方面要求。望你们认真阅读，认真执行。不少话是老生常谈，特意以书面形式呈现给大家，首先是为了表示教师的诚恳，其次是希望大家能够常常重温，最后也是为你们完成《金色花》作业提供参考。不是有很多人写《家长会有感》——主要内容就是摘抄教师发言吗？不错！至少你认真读信了。

1. 需要家长督促孩子完成的日常任务

每一课的生字词和“读读背背”必须过关，课后要求背诵的内容和重要笔记必须烂熟于心，日记一定要符合质量和篇幅的要求，《日有所诵》“会背”的签字要真实负责。

2.《金色花》征稿启事

《金色花》开始编撰了。不做班主任了，“班级之书”

是否继续编辑，教师曾十分犹豫，最终决定还是接着做。因为这其实是一个仪式，通过这个仪式，我们将铭刻一个理念，牢记一个事实：孩子的成长离不开父母的关切与引导，班级的前进离不开教师、学生、家长的齐心合力。我们是一个齐心协力、团结向上的优秀团队！

（1）稿件内容：开学以来孩子、家长日记各一篇。

（2）交稿截止时间：11 月 19 日（即下周三）

（3）交稿方式：

A. 发帖到亲近母语论坛《云门弟子（五上）》下面。

B. 以手写方式交付纸质文稿，同时交付两元打印费。

（4）注意事项：注明“《金色花》稿件”字样。文章署名。家长写明是谁的父母。

三、本班孩子在考试及平时学习时需要注意的事项

1. 静心，精心，认真读题。把水平考出来。

比如第一题：“把上面字按照字母表顺序工整地写在田字格中”，尽管交卷之前，教师提醒“检查要看题目”，仍有 50 名同学对于“按字母表顺序”视而不见。可惜又可气。

2. 不动笔墨不读书，不动笔墨不背书，不动笔墨不复习。

这个看起来很笨、很老的办法，其实是最聪明、最经济的学习方法。第一，动笔使得人在阅读、思考、记忆的时候，身体活动免于单调，学习时间可以延长。第二，多方面活动起来的身体器官，其实是多方面活动起来的记忆器官、理解器官。动笔使得记忆和理解更加牢固迅速。第三，归根到底，考试多是笔试，在念念有词、苦思冥想的同时，随手写下生僻字词或者关键语句，会使孩子免于嘴硬笔软的缺陷。

3. 作文看清要求，尤其是关键字眼。比如“选择一件你看到、听说或者直接发生在身边的破坏环境的事情，写下来，并谈感想”，很多同学没有看见“一件”，写了几件事。

4. 以后的作文多是话题作文，也就是根据材料要求的自命题作文。在这种情况下，要想取得高分，题目新颖、抢眼很重要。比如这次作文《哭泣的小河》《草地上的黑烟》《春天的落叶》《小树也会疼》《请不要再烧麦秆了》《别让白色垃圾吞没了我们》……都是很好的题目。题目——好题目，其实就是文章的漂亮眼睛。为了练就这个绝活，就需孩子平时为每一篇日记用心命题，就需孩子阅读时留意人家的好题目。

感谢四年来大家对教师工作的大力支持，希望大家一如既往地支持下去。只要是在教师职责范围之内，只要是有利于孩子的成长，一切的一切，教师一如既往，父母一如既往。

孩子们，再接再厉！父母们，再接再厉！薛老师，再接再厉！

五（2）班语文教师薛瑞萍

11 月 12 日

附：

家 长 会

张静（刘月辰母亲）

上班时和同事聊天，听同事说六安路小学体育课、微机课都由语文或数学老师上了，家长的压力大，孩子也少了很多的快乐，连我们附近的幼儿园都每星期考试，让没上学的孩子都说出“活着真没意思”的话来，听得我心里真的一惊一惊的。

回家就问女儿：“你觉得你喜欢上学吗？”女儿说：“还好了，最喜欢听薛老师的课，她给我们听音乐、讲绘本，让我们快乐地学习，快乐地成长，就是我学习不太好，心里觉得难过。”

其实我知道我的问话有点多余，因为女儿从以前孤僻的性格到现在比较开朗的性格，从不太爱笑到现在告诉我每天都要笑。从她的一篇测验作文里我可以感受到她的快乐学习的意境，其中有这样一段话：“语文课上，我们在写作业，凉凉的风，美丽的校园，在这样的地方考试，哦！ 这是天堂吗？多高兴啊！我们喜欢考试！你不信吗？有这么好的老师，这么愉快的课堂，这么像天堂的秋色校园，你不想来学习吗？我想！”其实这些真的要感谢薛老师，是她让孩子们找到快乐，拥有快乐。

这次开家长会，薛老师没来，我就觉得自己好失落，像一个孩子被别人遗弃在山谷里，找不到方向，觉得孤单。其实在过去的几年里，孩子依赖薛老师，我们做家长的也在不知不觉中依赖着薛老师，今天的家长会上没听到薛老师的声音，真的觉得好不习惯。

11月13日 / 星期四 晴

加持

《风》（谢武彰）、《野马》（罗门）、《阁楼上的光》（谢尔·希尔弗斯坦）、《山房春事》（岑参“梁园日暮乱飞鸦”）、《古诗十九首》（“行行重行行”），加上下卷第十单元首篇《同情》——这是今天的诵读内容。本学期的定例是：背诵五首诗，读熟《新月集》中的一首诗。

也有例外。备课时教师在“例外”篇做出标记，标记的意思是熟读即可，不必背诵。例外的原因无非是：篇幅嫌长，质量一般，文字或情感与童心隔膜。到今天为止，教师在自己的《日有所诵》上做过铅笔标记的有：佐佐木信纲的《夏天来了》、舒婷的《思念》、艾青的《黄昏》、青勃的《绿叶的声音》、鲁凯奇的《贝尔格莱德出了乱子》，还有——就是今天的《野马》。

然而，到今天为止，“熟读即可，不必背诵”的标记落到学生那里的，只有《夏天来了》。

这是一件很奇怪的事情，这是一种很奇妙的感觉。只要进了课堂，只要面对孩子；只要是为学生读，只要听见孩子诵——篇幅长的，会变得干净紧凑；感觉淡的，会变得有滋有味；原以为孩子嚼来涩口的，会由童音传达出朦胧真挚的喜悦！

确乎课堂是一个特殊的力场，确乎儿童的倾听和诵读有一种奇特的能量，这种力场涌动一股热流，这种能量蕴藏着蓬勃生机。于是，教师与作品的隔膜得以疏通，教师对儿童的认识得以更新。于是，有了胡婧怡的背《思念》，宋世君的诵《黄昏》。《贝尔格莱德出了乱子》真是一首震撼人心的好诗啊，可惜长达64行！然而在教室里，当教师读给孩子们听的时候，很多人都哭了。于是舍不得不背。

可狮子
不喝、不吃，
它文文静静地
走进了电影院，
它温温和和地
坐在观众席上，
专心一意地
看那从它老家非洲
拍来的电影。

今天，我让他们集体背诵《野马》的末一段。61 个人的诵声，如一面巨大的低音鼓，再度震荡教室，震荡人心。

将前腿举成闪电
吼出一声雷
然后放下来
竟是那阵
追风而去的雨
奔着山水来
冲着山水去

除了天地线
它从未见过缰绳
除了云与鸟坐过的山
它从未见过马鞍
除了天空衔住的虹
大地衔住的河
它从未见过马勒口
除了荒漠中的烟
它从未见过马鞭

一想到马厩
连旷野它都要撕破

一想到辽阔

它四条腿都是翅膀

山与水一起飞

蹄落处花满地

蹄扬起星满天

这是《野马》。第一段欠佳，“举成”“吼出”“然后”，怎么读这马都像是在摄影棚里摆姿势、拍靓照。呆滞、阻断、斧凿的印记历历可见。完全没有风驰电掣的野味，完全没有率性狂奔的酣畅。然而瑕不掩瑜，因为孩子的诵读，我终于越过瑕疵，看到整篇的好处，从而免于一叶障目的傲慢与鄙陋！一花一世界，一叶一菩提啊。风雨、雷电、山水、云鸟、荒漠的孤烟、天际的虹，一匹野马的秉性与姿态，居然可以映照，可以折射；可以让我们看见，可以让我们呼吸到——天地间如此磅礴雄浑的真元之气。这也是应当得到释放与满足的人性的需要啊，我们已经忘记，我们已经无暇记起、不敢记起。且让我们借着诗歌看见、记起并呼吸——从而得到替代的满足，从而免于过分压抑造成的扁平与扭曲。

谢谢孩子！是教师带他们诵读，是他们用诵读撑展了教师的胸襟，灵醒了教师的心灵，聪敏了教师的耳朵，明亮了教师的眼睛。呵呵，这是真正的不言之教啊！教师独自咂不出来的滋味，儿童的诵读居然可以点醒、开启！原因很简单：童心更自然，童心更灵气，童心更具吸收力，所以——童音更具表现力和感染力。就这首诗而言，儿童无疑比教师更接近野马，更贴近天地。

《蒹葭》，教师背过很多遍，除了开头四句，其他总是含含糊糊。然而，自从在教室里听孩子念过，就字句分明了！

> 蒹葭苍苍，白露为霜。所谓伊人，在水一方。溯洄从之，道阻且长。溯游从之，宛在水中央。
>
> 蒹葭凄凄，白露未晞。所谓伊人，在水之湄。溯洄从之，道阻且跻。溯游从之，宛在水中坻。
>
> 蒹葭采采，白露未已。所谓伊人，在水之涘。溯洄从之，道阻且右。溯游从之，宛在水中沚。

这是《诗经》啊，这是《秦风》，这是我们民族在天真未开的童年吟唱的歌谣，这是比《老师，您好！》和《去打开大自然绿色的课本》更适合孩子的我们民族的童谣！哦，那些不曾在教室里听孩子诵过《诗经》的教师，可惜了啊！那些将孩子领进《诗经》，从而加倍沉醉于离离黍稷、苍苍蒹葭的教师——我们有福了。

我问对桌的李君华："如果要你每天十分钟，六年一贯地诵下来，你能做到吗？”

“不能。绝对不能！”

“可是，如果让你从一年级起，和孩子一起诵六年呢？”

“一切都变得自然而然！孩子在长，我也在长！”

“滋养你的是什么？”

“诗篇。和孩子一起诵读的那些诗篇。”

“是的，是诗篇。然而还有更重要、更珍贵的，那就是因为诗的浸润变得更加清澈灵动的童心。它将和诗歌一起，使我们免于早衰、僵固。我们将其带入诗境的那些孩子——他们将加持我们！”

11月19日 / 星期三 晴

绝壁上的优昙波罗花：《莫高窟》

敦煌莫高窟是祖国西北的一颗明珠。她坐落在甘肃省三危山和鸣沙山的怀抱中，四周布满沙丘，492个洞窟像蜂窝似的排列在断崖绝壁上。

莫高窟保存着两千多尊彩塑。这些彩塑个性鲜明，神态各异。| 有慈眉善目的菩萨，有威风凛凛的天王，还有强壮勇猛的力士。| 有一尊卧佛长达16米，他侧身卧着，眼睛微闭，神态安详。| 看到这一尊尊惟妙惟肖的彩塑，游人无不啧啧赞叹。

莫高窟不仅有精妙绝伦的彩塑，还有四万五千多平方米宏伟瑰丽的壁画。| 壁画的内容丰富多彩，有记录佛教故事的，有描绘神佛形象的，有反映民间生活的，还有描摹自然风光的。| 其中最引人注目的，是那成百上千的飞天。壁画上的飞天，有的臂挎花篮，采摘鲜花；有的怀抱琵琶，轻拨银弦；有的倒悬身子，自天而降；有的彩带飘拂，漫天遨游；有的舒展双臂，

翩翩起舞…… | 看着这些精美的壁画，就像是走进了灿烂辉煌的艺术殿堂。

莫高窟里还有一个面积不大的洞窟——藏经洞。洞里曾藏有我国古代的各种经卷、文书、帛画、刺绣、铜像等六万多件。由于清王朝腐败无能，大量珍贵的文物被帝国主义分子掠走。仅存的部分经卷，现在陈列于北京故宫等处。

莫高窟是举世闻名的艺术宝库，这里的每一尊彩塑、每一幅壁画，都是我国古代劳动人民智慧的结晶。

二、三、四段分别介绍彩塑、壁画、藏经洞，是文章重点。课后要求背诵。

感悟与分析并重。遇到要求背诵的地方，更重结构分析。且看“彩塑”一段的教学：先用粗直线将段落分为“总介—分说—总叹”的三个层次，再用细直线将第二层划分为两小层，这两层（其实就是两句话）之间的关系是“略写—详写”或者“面写—点写”。即常说的“点面结合”“详略得当”。其中略写部分是一组排比句，排比的作用在于罗列事实，具体说明莫高窟的彩塑果真“个性鲜明，神态各异”，从而——果真令人“啧啧赞叹”。至于卧佛，还要告诉学生：之所以详写卧佛，不仅因为这尊卧佛长达 16 米，更因为佛陀是佛教的创立者，佛像在佛教建筑、佛教绘画中占据至尊的位置。

与分析并驱合奏的当然是朗读。整段读，分层读，分小层读。当文句的层次感、连贯感因分析而变得更明晰、更顺畅的时候，融为一体，整段再读。

“壁画”的结构及层与层、小层与小层之间的关系与第二段完全相同。第三段的分析交给孩子自己做。为了帮助他们记忆多姿多彩的飞天形象，第二小层在通读排比句之后，把“臂挎花篮，采摘鲜花”“怀抱琵琶，轻拨银弦”“倒悬身子，自天而降”“彩带飘拂，漫天遨游”“舒展双臂，翩翩起舞”——从五个“有的”构成的排比框架中提出来读。先是八字两句、八字两词地连动连读，然后四字一句、四字一词地分组对读：“臂挎花篮”（自然是）“采摘鲜花”；“怀抱琵琶”（自然是）“轻拨银弦”……如此，学生才不会被飞天妙曼的舞姿给弄晕了头。

写这篇教学后记之前，我从网上看过敦煌图片。何止是一颗璀璨的明珠啊！何止是一座艺术的宝库！那是只有在坚定而虔诚的信仰之上才可以创造的性灵的奇迹，那是只有在人类对于天地神圣还保有虔诚与谦卑的年代才可以创造的心境的奇迹。那是璀璨在断崖绝壁上的最温柔、最刚毅的——三千年一开的——优昙波罗花。可惜我们没有条件让孩子看见！

好在我咬定青山，没有草率教学第一段！

敦煌莫高窟是祖国西北的一颗明珠。<u>她坐落在甘肃省三危山和鸣沙山的怀抱中，四周布满沙丘，492个洞窟像蜂窝似的排列在断崖绝壁上。</u>

范读。下画线的地方——尤其是“断崖绝壁”四个字教师更是读得刚毅、阔大又温存。然后学生读，然后问他们有什么感触。白纸黑字加上教师的朗读暗示，学生自然对下画线内容，尤其是“断崖绝壁”感觉强烈、印象深刻。于是讲述莫高窟的传说、乐山大佛的故事。告诉他们：如此精美富丽的艺术珍品，没有一件留下作者的姓名。告诉他们：这是信仰的奇葩，这也是我们民族的生命之花。

提请学生牢记“断崖绝壁”。之后的教学，所以能够进行得温暖坚实，一个重要的原因在于：我们始终记得，精妙绝伦的彩塑、宏伟瑰丽的壁画、无价之宝的文物——都塑造在、描绘在、珍藏在断崖绝壁的洞窟里。千年之后的我们，多多少少应当感应到那种伟大的力量、伟大的气魄、伟大的谦卑、伟大的超越。

开学以来，听了不少音乐。单是歌曲就听过李谷一的《乡恋》《心中的玫瑰》，席琳·迪翁的《我心永恒》，卡朋特的《重回往昔》，还有“后街男孩”。当他们休息或者写作业，放的最多的是“琴箫静心曲”。那是朋友特意从网上买了送我的。平和、甘润、舒缓、悠远——是极为养神的“环境音乐”。吹箫的张维良和弹琴的赵家珍，都是令我钦慕不已的相貌端好之人。如此圆满福相，自然能够引动人们对于艺术、对于佛学的向往。

再听。我终于告诉他们：“这盘音乐的真名叫作《琴箫佛曲》。”

佛者觉也。除了唱念者，世界上所有给人以平和、慰藉，给人以力量、智慧的声音——包括风声、水声、鸟鸣、树语等，都是禅曲，都是佛乐。

11月26日 / 星期三 晴

老实巴交

“班级之书”《金色花》正在编辑中。被逼无奈，恨恨而写的家长自然是有的。个别忍无可忍者，径直把这种气愤发泄到作业里。教师看了一笑了之，很为自己的执着与大度骄傲。

用心书写也好，应付差事也罢，多数家长都把《金色花》当作一次作业。没有想到的是，前班主任没有到场的家长会结束后，有四位父母自愿写起了教育周记，他们是宋世君父亲、施淑静母亲、朱丽丽父亲、高尚母亲。读着语言朴素、情意真切的《惭愧》，教师一边写下“惭愧”，一边惊奇地询问：“施淑静，怎么你妈妈的字跟你一模一样？”“字是我写的，话是妈妈说的。妈妈会写的字不多，晚上打工回来，天都黑了，吃过饭还要做活。她讲一句，我写一句。”朱丽丽父亲写的是《捡柴火》，宋世君父亲写的是《报听写》，高尚母亲写的是《真着急》和《孩子挨打了》。老实巴交的农民，题目和文字也这么老实巴交。

这让教师感动和备受鼓舞。

教师的努力固然是为了整个班级和每一个学生——但更是为了这样的父母和他们的孩子。对于这些孩子，教师自然愿意倾注更多的热情和心血。教师也是有好恶、有感情，需要支持与呵护的平常人，教师应当是有好恶、有感情，需要支持与呵护的平常人。反对机械意义上的一视同仁！那种一视同仁，其实是机械性质的麻木与不公。

一年多来，魏鹏父亲的周记一直没有中断。插秧啊，割稻啊，浇田啊，卖粮啊，带孩子去更偏远的乡下看姥姥啊，跟老婆一起去菜市场买老婆孩子都喜欢吃的豆腐啊……这些文字所散发的略带辛酸的村野气息，让教师难以忘怀。

星期一的读书汇报中，金佳岷说的是《上下五千年》，作者林汉达。李玉琢表现突出。《我也会制造魔镜》，是一篇关于科普作品的读后感。这样的孩子终于爱上阅读、朗读和读书汇报，并因发自内心的热爱，写得清楚明白，读得字正腔圆，从而赢得热烈的掌声、巨大的成功——这是孩子自己思维苏醒的结果。这种苏醒需要适宜的环境：没有压力、没有逼迫，只有召唤、只有快乐的宽松温暖的环境。对于这样的孩子来说，哪怕最终也不主动报名登台呢？只有召唤、只有快乐的宽松温暖的感觉，也必定比源于压力和逼迫的焦虑与恐惧更能令她亲近阅读、亲近朗读。至少，她可以做一个无忧无虑的倾听者、享受者、汲取者，至少朗读、阅读没有成为一件令她紧张害怕的事情。

附 1：

猪笼里传出庐剧声

魏先兵（魏鹏父亲）

中秋节放假三天，正好是我们回家割中稻的好时候。时间要安排开，不然的话是忙不过来的。

头一天早上，我就和妻子在门口的田里收割着，这时候村子中间传来庐剧的声音，那是从猪笼里传出来的。讲了你们也许不信，偌大的村庄，就住着零散的几位老头老太，因为这些年改革开放，年轻人都跑出去打工了，有点钱的都在集镇安了家，村里好多房子没有人住都倒塌了。

那为什么猪笼里会传出庐剧的声音呢？因为里面住着一个叫解懒汉的中年汉子，小时候被父母惯坏了，在家里排行老小，什么事情也不要他干，对他百依百顺，不愿念书也顺着他。结果父母死了，他什么也不会干，也不愿意干，把父母亲留下来的几千斤粮食吃完了，就靠着哥哥姐姐救济一点粮食。最后房子也漏倒了，就住到人家不要的两间猪笼里。猪笼里住着也不错，风不透，雨不漏，地下还做着地坪，用电也不用给钱，用两根线搭在公用电线上，也没哪个讲。每天用他哥哥给的电饭煲做一顿吃，没事在里面睡觉，用旧录音机放庐剧听。

这时候，在家里睡觉的魏鹏也把录音机打开了，放着流行音乐，嗨，好热闹！一头放着庐剧，一头唱着歌曲。我跑回家对魏鹏说："西头住着解懒汉，东头别再出个魏懒汉，都什么时候了，还不快起来！"

附2：

《简·爱》读后感（节选）

李宋杰

顿时，简跌入痛苦失望的深渊之中。她不愿被人认为她因贪图钱财而做了罗切斯特的情人，毅然离开桑斐尔德逃向远方。在濒临崩溃的时候她被牧师圣·约翰所救，而后差点跟这个有强烈宗教热诚的青年结婚。

在命运的十字路口，她仿佛听到了罗切斯特的呼唤：简！简！简！于是还是下决心回到桑斐尔德，这时阁楼上的疯女人火烧庄园后死去了，罗切斯特已经双目失明，简意外地继承了一笔财产，回到了罗切斯特的身边，两人平等地结合在一起。

这个故事告诉我们：人的价值等于尊严加爱，有些人总是在金钱与爱情间选金钱，在穷与富之间选富，在爱与不爱之间选不爱。世上很少有人像简一样为爱情、为人格抛弃所有，而且义无反顾。这种感觉，它像水一样净化着我们每个人的心灵。

11月28日 / 星期五 晴

《呼风唤雨的世纪》教学后记

一、教材分析及教学思路

这是一篇言简意赅、信息密度很高的小品文。

以“呼风唤雨”为线索，文章一头连着纷繁晶莹的科学概念、科学奇迹，一头牵着美丽悠远的人类幻想、神话传说。教学这样的课文，对教师的挑战有二：既挑战教师的科学素养，也挑战教师不被名词术语控制，从而迷失“语文”正途的学科定力。

故此，教师要在吃透教材的基础上，做到放收结合，张弛有度。一方面激活学生思维，唤醒记忆、想象，使其充分领略科学创造奇迹的伟大力量，从而激发学生爱科学、学科学，在新世纪创造新神话的志向；一方面帮助学生厘清段落之间及段落内部的层次结构。这其实就是一个“发现”的过程，在这一发现过程中实现的，既是对语言的深入学习，也是对思维的训练，对科学素养的有意培植。

紧扣教材，不蔓不枝。将文本当作教学之本而不是漫谈的话由。在咀嚼语言的前提下构建逻辑框架，在发现或建构逻辑框架的过程中加深对语言的体会。从而实现对科学的热爱、向往，对祖先的缅怀、感激。

归根到底，这是语文课，不是科学课，首先亲近母语，而后亲近科学。

二、教学实况

时间：15:30—16:10

地点：铜陵市实验小学

班级：四年级（1）班

第一步：导入

生（看板书读题）：《呼风唤雨的世纪》。

师：《呼风唤雨的世纪》！好有气势！哪个词让你觉得带劲？

生：呼风唤雨！

师：为什么这么说？“呼风唤雨”让你想到哪些人？

生：呼风唤雨表示一个人的能力很大。只有神仙才能呼风唤雨。孙悟空、风神、雨神、雷公、电母、玉皇大帝。

师：如今的人类是否能够呼风唤雨？靠什么呼风唤雨？

生：能够呼风唤雨。靠科学呼风唤雨。比如人工降雨、人工降雪。

师：在上百万年的历史中，呼风唤雨曾是祖先的美丽梦想。如今，凭着科学的力量，人类真的能够呼风唤雨。而且，人类能够做到的远不只是呼风唤雨！作为新世纪的小学生，我们一面享受着嫦娥奔月、精卫填海等动人故事的心灵滋养，一面享受着现代科技带来的舒适方便，我们怎能不饮水思源、奋发学习！轻声自读全文，用铅笔画出不懂的地方。

第二步：通读全文

前四段点举手的学生单独朗读，正音的地方全班齐读。第五段齐读。

第三步：交流讨论

学生 1：“忽如一夜春风来，千树万树梨花开”是什么意思？

教师解释，并介绍诗人。学生于是知道：在这里，作者用梨花形容缤纷灿烂的科技成就。

学生 2：“回顾”是什么意思？

教师请学生回答。学生解释：原意是回头看，这里指回忆过去。

学生 3：英国数学家、哲学家伯特兰·罗素是什么人？

师：怎么这么巧啊？！刚才那位同学问到的诗句的作者岑参，他是老师最喜欢的诗人之一。现在你问的这个罗素，恰巧也是老师最喜欢的哲学家之一！哦，老师忍不住要跑题了。哦，我们今天的教学任务大概完不成了！老师读过罗素的《西方哲学史》，大部分读不懂，可是老师为什么喜欢罗素呢？因为罗素关于教育有一句至理名言让老师铭刻在心，永志不忘！我先问问你们：孩子们，我们为什么要来上学，为什么要受教育？

生：为了建设祖国。为了成为国家的栋梁。为了报效国家。

师：你们说的其实都是一个意思。罗素的意见跟你们有点不同。罗素的意见是老师铭记在心、永志不忘的！想知道罗素是怎么说的吗？

生：想！

师：教育的目的，在于帮助人度过幸福的一生。（大约觉得新鲜，学生纷纷记录，教师重复并等候。等学生都记好了，教师接着说）很高兴你们愿意记录这句话。老师知道这句话和课文完全没有关系，但是既然你们问到罗素了，老师就一定要告诉你们这句话！为什么呢？若干年后，你们中间一定有人做教师，我希望到那时，站在讲台，面对学生的你或者他，能够记起今天听到和记下的话。那么你和你的学生的日子都将不同了。时间紧张，我们不能再问了！下面逐段学习课文。

第四步：逐段讲读

1. 破题

读“20 世纪是一个呼风唤雨的世纪”。（学生解释“20 世纪”“21 世纪”）

2. 追问

师：是谁来呼风唤雨呢？

生：当然是人类！（提醒读出自豪感）

师：靠什么呼风唤雨呢？

生：靠的是现代科学技术。

师：为什么这么说？理由何在？用课文回答。

生：在 20 世纪一百年的时间里，人类利用现代科学技术获得那么多奇迹般的、出乎意料的发现和发明。正是这些发现和发明，使人类的生活大大改观，其改变的程度超过了人类历史上百万年的总和。

师：“发现”和“发明”有什么区别？

生：发现是已经在那里的事情或者……（教师补充“规律”），人发现了，比如牛顿发现万有引力。发明是原本没有的东西，人制造出来了，比如电灯、电视。

师：还有发明原本没有的技术，比如工业上的流水装配，比如农业上的水稻培植新方法。

3. 梦想与现实

朗读课文，找到幻想与现实的对应关系：夜明珠——电灯；千里眼——望远镜、电视实况转播；顺风耳——电话；腾云驾雾——飞机。

师：关于雪，我们常说“大雪纷飞”“鹅毛般的大雪纷纷扬扬”，而岑参却这样写道：“忽如一夜春风来，千树万树梨花开。”这样写的好处在哪里？

生：不但写出了雪花的纷纷扬扬，而且写出了雪花的美丽。这样写，雪花好像变得有生命，有香气了。

师：想象漫天大雪，想象千树万树雪白的梨花！从“我们的祖先大概谁也没有料到”开始——读！

生：我们的祖先大概谁也没有料到，在最近的一百年中，他们的那么多幻想纷纷变成了现实。20 世纪的成就，真可以用“忽如一夜春风来，千树万树梨花开”来形容。

师：想象漫天大雪，想象千树万树雪白的梨花！从“20

世纪的成就”开始——读!

生：20 世纪的成就，真可以用“忽如一夜春风来，千树万树梨花开”来形容。

师：“忽如一夜春风来，千树万树梨花开。”作者引用这样的诗句，想表达什么意思?

生：20 世纪的成就又多又美好。现代科技充满生机，还在不断发展。

师：事实果真如此吗?作者是否有些夸张?让我们接着看下面一段!

4. 果然是“千树万树梨花开”

两组一拨儿，分角色朗读。

A：20 世纪，人类登上月球，潜入深海，洞察百亿光年外的天体，探索原子核世界的奥秘;

B：20 世纪，电视、程控电话、因特网以及民航飞机、高速火车、远洋船舶等，日益把人类居住的星球变成联系紧密的“地球村”。

合：人类生活的舒适和方便，是连过去的王公贵族也不敢想的。科学在改变着人类的精神文化生活，也在改变着人类的物质生活。

师：你还能举出科学成就方面的例子吗?（学生举例）

师：“人类生活的舒适和方便，是连过去的王公贵族也不敢想的。”你有这方面的例子吗？

生：空调、电影、电视、CD 机。一年四季都能吃到西瓜。夏天可以过冰雪节。

师：对比祖先的梦想与今天的现实，四季长春实现了没有？

生：实现了！空调！

师：夜明珠有了没有？

生：有了！电灯！

师：嫦娥奔月实现了吗？

生：实现了！阿波罗号！神舟七号！

师：孙悟空拔一撮汗毛变成许多小猴子，实现了吗？

生：实现了！克隆技术！克隆羊！

师：把千里万里的遥远距离拉近，让常人也能日行千里的缩地术实现了吗？

生：实现了。民航飞机！高速火车！

师：还有纳米技术，还有遥感技术，还有器官移植，还有电脑、因特网……20 世纪的成就真的是——

生：忽如一夜春风来，千树万树梨花开。

第五步：寻根追土

师：20 世纪的成就缤纷灿烂，好比千树万树的梨花，那么梨树的根是什么呢？

生：科学。

师：读出文中相同意思的句子。

生：归根到底，是科学使得我们这个时代不同于以往的任何时代。

师：读结尾一句。

生：在新的世纪里，现代科学技术必将继续创造一个个奇迹，不断改善我们的生活。

师：在新世纪，创造新的奇迹的任务落在谁的肩头？

生：我们的肩头。

师：我们应当怎么办？

生：好好学习，学习科学。

师：仅仅学习科学是不够的！我们还要保有做梦的能力、想象的能力。一个问题！当我们享受着现代科技成果的时候，我们能不能嘲笑，能不能傲视祖先的梦想？

生：不能。

师：（下课铃响，教师语速很快）忽如一夜春风来，千树万树梨花开。梨花一样缤纷灿烂的，是 20 世纪的成就，也是终于绽放在日光下的祖先的期盼与梦想！有梦就有希望，有幻想才能创造！成就是花，科学是根，而幻想，就是滋养创造之树的肥沃泥土。下课！

板书：

20世纪（1900-1999）

呼风唤雨的世纪　21世纪（2000-2099）

成就　千树万树梨花开　发现　发明

岑参

罗素

今人　科学　根

祖先　幻想　泥土

三、自评

四十分钟的时间里，学生表现十分活跃，过分活跃。需要不断地越来越严厉地提醒他们遵守纪律。一些事先准备好的例证不敢说给学生听。比如曾有调查显示，人们以为最重要的发明不是电脑等高科技，而是抽水马桶。

教师自知时间紧张，整个过程进行得匆促浮躁，结尾更是草草收场。讲是讲了不少，看起来效果也不错，但是在学生那里能够沉淀吸收的究竟有多少，教师不敢乐观。毕竟贪多嚼不烂是万古不易的真理。一样多的内容，如果教师能够做得沉静稳重，实际效果会更好。

亮点之一，对祖先梦想充满缅怀、尊重与感激。

亮点之二，抓住“千树万树梨花开”，使教学变得灵动诗意，有了几分哲理与生机。

最帅的地方是跑题。教师坚信：因为中国的特殊国情，让孩子听到、记住“这句话”比学好课文更重要。苏霍姆林斯基说：“面对学生，我们要记住，他们是将来的父母，未来的教育者。”

2005 年暑假，青城山下，于汤素兰口中听到这句话，从此铭刻在心、永志不忘。

附课文：

呼风唤雨的世纪

20 世纪是一个呼风唤雨的世纪。

是谁来呼风唤雨呢？当然是人类；靠什么呼风唤雨呢？靠的是现代科学技术。在 20 世纪一百年的时间里，人类利用现代科学技术获得那么多奇迹般的、出乎意料的发现和发明。正是这些发现和发明，使人类的生活大大改观，其改变的程度超过了人类历史上百万年的总和。

人类在上百万年的历史中，一直生活在一个依赖自然的农耕社会。那时没有电灯，没有电视，没有收音机，也没有汽车。人们只能在神话中用“千里眼”“顺风耳”和腾云驾雾的神仙，来寄托自己的美好愿望。我们的祖先大概谁也没有料到，在最近的一百年中，他们的那么多幻想纷纷变成了现实。20世纪的成就，真可以用“忽如一夜春风来，千树万树梨花开”来形容。

20世纪，人类登上月球，潜入深海，洞察百亿光年外的天体，探索原子核世界的奥秘；20世纪，电视、程控电话、因特网以及民航飞机、高速火车、远洋船舶等，日益把人类居住的星球变成联系紧密的“地球村”。人类生活的舒适和方便，是连过去的王公贵族也不敢想的。科学在改变着人类的精神文化生活，也在改变着人类的物质生活。

1923年，英国数学家、哲学家伯特兰·罗素说：“归根到底，是科学使得我们这个时代不同于以往的任何时代。”八十多年后，这段话依然适用。回顾20世纪的百年历程，科学的确是在创造着一个又一个神话，科学正在为人类创造着比以往任何时代都要美好的生活。在新的世纪里，现代科学技术必将继续创造一个个奇迹，不断改善我们的生活。

12月 December

没有礼物的圣诞节

12月1日 / 星期一

立在书橱的美术馆：《狐狸的神仙》

《狐狸的神仙》

阿万纪美子/文　酒井驹子/图　蒲蒲兰/译

读板书，问：“狐狸的神仙能做什么？”

“让狐狸起死回生。”“让狐狸大难不死。”“满足狐狸的心愿。”

看封面。“谁是理慧，谁是阿健？”

"姐姐是理慧，弟弟是阿健。"

翻到书名页。草地上有一个足球和一根跳绳。"你们读到了什么？"

"狐狸和小姐弟之间发生了有趣的故事，故事里有足球和跳绳。"

讲述开始。故事梗概如下：

下午吃点心的时候，我（理慧）想起跳绳挂在公园的树枝上忘记带回家了，于是去拿，弟弟阿健也跟了去。公园里的树枝上没有跳绳，风中传来快活的声音。姐弟俩循着笑声在芒草丛中找到一条小路，小路尽头的空地上，两只甩，八只跳——十只狐狸正在玩跳绳。可是它们不太会跳，毛茸茸的尾巴常常把绳子绊住。弟弟的笑声惊动了狐狸，于是大家一起玩。理慧教狐狸把尾巴竖起来，贴近后背试试看。这样一来，狐狸们都跳得挺好。该理慧甩绳了，她看见绳柄上写着"理慧"两个字，这正是自己写的字！这正是自己要找的绳子！

当天空变成粉红色的时候，小姐弟和狐狸们亲热地道别。"下次再玩吧。可是这根绳子……"话没说完，一只小狐狸跑过来，很得意地说："是我的。刚才我一边走路，一边向狐狸的神仙祈祷‘我想和大家一起玩跳绳’，然后我就在公园的树枝上发现了它，而且，上面还有我的名字呢！你看——”

“我姐姐也叫……”姐姐阻止了弟弟。“再见！”“再见！”回家的路上，路过公园那棵树的时候，阿健高兴地叫起来：“我知道了，姐姐，你当上了狐狸的神仙了！哈哈哈！”

朗读《狐狸的神仙》，因为太喜欢它的图画，一次又一次，教师端着画页在过道上来回地走动，热切地呼唤。

“看啊，看小狐狸跳绳的样子！看甩绳子的那两只，看跳绳的每一只！”“看啊！看竖起的大尾巴！每一只都不一样，每一只都那么高兴，那么陶醉！”“看！看这只叫理慧的小狐狸！看它的眼睛！多么得意，又是多么纯净！”“看见没有？看见狐狸仰面望着理慧的眼神了吗？可爱得让人心疼啊！”“知道不知道？不管多累多沮丧，只要看看这样的画面、这样的眼神，老师的心就得到了抚慰和滋润。”

“小弟弟和小姐姐，也好可爱哦！”“还有绿色的草地和黑色的大树，也好美。”学生补充着。

讨论。“如果你是理慧，你会要回跳绳吗？”

“不会。”“小狐狸太可爱了！”“我不忍心夺去小狐狸的快乐。”

“如果你是理慧，你会说明真相，然后把跳绳送给小狐狸吗？”

“不会，那样就打破了小狐狸对狐狸神仙的祈祷和梦想。”“那是一件很冷酷的事情。”

“哦，理慧不仅送给狐狸一根跳绳，理慧也呵护了狐狸对于狐狸神仙的信念。然而，请你们告诉我，理慧，她仅仅是一个给予者吗？”

“不，她也得到很多快乐。”“理慧觉得自己就是狐狸的神仙！”

“说破了，理慧只是一个善良的孩子；不说破，理慧就真是狐狸的神仙！”教师肯定道。

封底：芳草萋萋，满页绿色，美得让人微微疼痛。小狐狸端坐在弥天漫地的浓绿中，背朝读者，耳朵竖起，像在凝神谛听，又像在无言地诉说。毛茸茸的大尾巴安详地卧在身后，尾梢是白色的，其间透出厚实丰盛的虔诚与温暖。脚边放着跳绳，绳柄与绳柄头靠头地挨着，有说不出的安逸、慵懒和纯净。

“这是谁？”

“小狐狸理慧。”

“它在干什么？”

“它在感谢狐狸神仙。”“它想今天运气真好！”“它觉得自己好幸福！”

“老师，还有那个足球呢！”李旭冉说，“那是弟弟阿健的。如果是我，如果我写《狐狸的神仙》，我就写阿健的足球被一群狐狸男孩得到了，阿健教它们踢球，成了男孩子的狐狸神仙！”

“哈哈，你不服气是不是？可我们女生跳绳可以唱歌啊！”教师抡起胳臂做甩绳状，教室里立刻响起整齐欢快的跳绳歌，那是狐狸们唱的：“大波浪，小波浪，骨碌碌，转一转——狐狸眼睛！”

“那就拍球，也可以有歌谣的，编就是了！”好几个男生一起说。

陈丹青说：“偌大中国，有几座城市是有美术馆的？十几亿中国人，有几个见过真正的油画，真正的书画名品原作？”一座城市，有一座美术馆静静地站在那里等你去看。你可以去看，也可以不去看，但是对于这座城市和这座城里的人来说，有没有这样一个地方是不一样的。哪怕你是去听流行音乐看好莱坞大片呢，走过美术馆和走过商店的感觉是不一样的！

图画书的作用说过不少，现在增加一条：在今天，图画书替代了美术馆的作用。像《狐狸的神仙》这样的书，就是立在书橱、藏在心中的小小美术馆。

图画书的价值，首先在于图画，在于令你欢喜、感动、失语的画面。

12月4日 / 星期四 阴

福 报

下课回来，照例把《日有所诵》递给对桌：“下卷，第十三单元《我的歌》。”李君华也是刚刚坐定，接过书，翻到我指的地方，照例先默读一遍，然后朗声念给我听：

我的歌

我的孩子，我这一支歌将扬起它的乐声围绕你的身旁，好像那爱情的热恋的手臂一样。

我这一支歌将触着你的前额，好像那祝福的接吻一样。

当你只是一个人的时候，它将坐在你的身旁，在你耳边微语着；当你在人群中的时候，它将围住你，使你超然物外。

我的歌将成为你的梦的翼翅，它将把你的心移送到不可知的岸边。

当黑夜覆盖在你路上的时候，它又将成为那照临在你头上的忠实的星光。

我的歌又将坐在你眼睛的瞳仁里，将你的视线带入万物的心里。

当我的声音因死亡而沉寂时，我的歌仍将在你活泼泼的心中唱着。

“哎呀，怎么这么好！温暖、开阔，同时又充满力量！”李老师的眼神开始变得恍惚迷离，仿佛有层积的劳尘与寒冷在春风清泉中涣然冰释。“跟我们平时读到的东西完全是不一样的味道！把歌声比作热恋的手臂、祝福的接吻、睡梦的翼翅、暗夜的星光：‘当黑夜覆盖在你路上的时候，它又将成为那照临在你头上的忠实的星光。’”李老师说着说着，忍不住又读了一遍。

“想一想，这是泰戈尔在赞自己的歌！多么自信又是多么诚实！绚烂到了极点也素朴恳切到了极点！我不要他们背诵，我也不做什么讲解，面对这样的文字，多一句都是聒噪，是对神圣的亵渎与污染。我只是范读，然后让他们一读再读。然后就结束。‘爱情的热恋，祝福的接吻’——作为教师，你知道我最骄傲的成就是什么？那就是我们班的孩子读着这样的句子的时候，充满在声音和表情里的那种虔诚与洁净！

“教学《艾滋病小斗士》，我问到艾滋病的传播渠道，我们班的马建站起来，清清楚楚地说：‘有三种，一是血液感染，二是母婴感染，三是性行为传播。’他说得严肃，孩子们听得严肃，没有一个怪笑的。”

“这就是真正的教育啊。”李老师表扬道，“能够这样，可不是一日之功。《日有所诵》带给孩子的，还真不光是文学的滋养，也有心灵的洗涤和升华。为什么呢？因为没有考试的折磨啊！你说得对，没有压力的聆听和诵读，对儿童成长的促进最自然，也最可靠。”

“把书给我，让我再读十二单元的《告别》给你听。你知道吗？星期日早晨，在成都，临去会场之前，我在客房里读。也许就是因为身在成都，身在离汶川不远的地方吧，读着读着，我就泪不自禁了。也不全是悲伤。可是到了会场再读，下面嗡嗡嗡，就全没有那种感觉了。”

告　别

是我走的时候了，妈妈，我走了。

当清寂的黎明，你在暗中伸出双臂，要抱你睡在床上的孩子时，我要说道：“孩子不在那里呀！”——妈妈，我走了。

我要变成一股清风抚摸着你；我要变成水的涟漪，当你沐浴时，把你吻了又吻。

大风之夜，当雨点在树叶中淅沥时，你在床上，会听见我的微语，当电光从开着的窗口闪进你的屋里时，我的笑声也偕了它一同闪进了。

如果你醒着躺在床上，想你的孩子到深夜，我便要从星空向你唱道："睡呀！妈妈，睡呀。"

我要坐在各处游荡的月光上，偷偷地来到你的床上，趁你睡着时，躺在你的胸上。

我要变成一个梦儿，从你的眼皮的微缝中，钻到你睡眠的深处。当你醒来吃惊地四望时，我便如闪耀的萤火虫似的，熠熠地向暗中飞去了。

当普耶节日，邻舍家的孩子们来屋里游玩时，我便要融化在笛声里，整日价在你心头震荡。

亲爱的阿姨带了普耶礼来，问道："我们的孩子在哪里，姊姊？"妈妈，你将要柔声地告诉她："他呀，他现在是在我的瞳仁里，他现在是在我的身体里，在我的灵魂里。"

我的声音很轻，好像是在自语。我完全沉浸于文字。从头到尾，没有抬一次眼睛。等我终于读完抬起头时，看见李老师早已泪流满面。我觉得心里有个结在融化——我的心里满是感激。

“老师，我来了。”静默中，一个孩子在唤。是魏鹏。课间活动，我见他伏案疾书，抄《贝多芬》后面的“贝多芬名言录”。而他的摘抄本，竟是信纸裁开了订成的。那信纸质地粗劣，一揉就破。翻一翻，呵呵，已经抄了很多页了！有“孟子名言录”“牛顿名言录”“爱迪生名言录”“诺贝尔名言录”——显然，他要将班上那套《世界名人传记丛书》全部读完。于是请他下课来，我要送他笔记本。

“谢谢老师！老师再见！”

“我发现这个孩子很爱笑！爱笑的孩子就是可爱！”看着孩子的背影，李老师赞叹道。

“如果多待两分钟，你将发现，他的眼睛好明澈！喜盈盈的！”

“这也是‘日有所诵’的成果吗？”

“当然不是！那是人家天生瑞相！人家孩子是四年级才到我们班的。能和这样的孩子结一段师生缘，是我的福报！”

和李老师对桌，也是我的福报。

12月9日 / 星期二 晴

记住王冕是个孩子：《少年王冕》第一课时

一、善良的秦家

天气清朗，阳光澄澈。一室弟子与四围环境俱是清明灵醒的上午第一节，教师径直朗读《少年王冕》。

景致美，人情美。因这景致、人情的感发蕴蓄，才有了“王冕学画”的千古美谈。

课文该怎样朗读？教学该怎样进行？很简单，脱尽《儒林外史》的沉重背景，忘却吴敬梓的深远用意——只要记住王冕是个孩子，只要记住面对的是一群孩子，让朗读及教学如故事本身一样干净、温暖，让朗读及教学如雨后荷花一样清新、朗健就行了。

到了十七八岁，王冕离开了秦家。他每天画些画，读读古人的诗文。春光明媚的时候，王冕就用一辆牛车载着母亲，到村上湖边走走。母亲心里十分欢喜。

掌声。教师心里十分喜欢。“随便谈谈吧。”教师轻轻道。

“秦家人很善良。没有这家人的善良，就没有后来的画家王冕。其实，秦家并不需要王冕放牛，而是为了帮助王冕有意那样做的。”朱翔宇第一个发言。

“根据何在？”

“根据在书上，”朱翔宇一边看书一边组织语言，“放牛的地方有树还有湖，只放一头牛。王冕要做的，就是牛渴了牵牛到湖边喝水。他可以一边放牛一边看书。秦家每天供土冕两顿饭，早上还给他两个钱买点心吃。”

“不同意秦家不需要人放牛的说法。理由不够充足。但我同意秦家很善良。没有这家人的善良，王冕就成不了画家。”韩玉琤说。

“哦，对比《第一时间》经常曝光的那些丑闻，比如拖欠农民工工资——秦家真是太好、太感人了。所以难怪朱翔宇起了这样的猜测，所以难怪我们的讨论从秦家开始！这是一份遥远而真诚的敬意啊！对于有意帮忙的说法，我的意见是：理由不足，但极有可能！谁叫王冕那么懂事，那么招人爱呢？而且我相信：王冕，十岁的小王冕，他一定会记住母亲的嘱咐，做事勤快，在秦家不光放牛，还帮着干其他活。向热忱善良的秦家致敬！让我们都做热忱善良之人！接着说！”

二、快活地放牛

“王冕孝敬母亲，是个懂事的好孩子。”李宋杰说。

“理由何在？”

从此，王冕白天在秦家放牛，晚上回家陪伴母亲。遇上秦家煮些腌鱼腊肉，他总舍不得吃，用荷叶包了回家孝敬母亲。

全班齐读。就在学生戛然而止的地方——

每天给的点心钱，他也舍不得花，积攒一两个月，便偷空来到村学堂，从书贩子那里买几本旧书。白天牛吃饱了，王冕就坐在柳树荫下看书。

“老师为什么接着读？老师所读的内容与孝敬母亲有关系吗？”

“有关系。爱读书就是孝敬母亲！”

“还有这里。当母亲怀着内疚告诉王冕，要让他给隔壁秦家放牛的时候，王冕怎么说？”

“娘，我在学堂里也闷得慌，不如帮人家放牛，心里倒快活些。这样可以补贴家用，还能带几本书去读呢。”

“一个问题！王冕放牛真的快活吗？”

“快乐！一方面可以挣钱补贴家用，一方面可以自己看书。”张悦媛说。

“王冕放牛很快乐！他放牛才可以自由自在地观赏荷花，然后他才被荷花感动，然后呢，才想到画荷花。在学堂里就不能这样自由自在，就成不了画家。”李旭冉说。

“呵呵！你的意思是，王冕他是抱着看荷花当画家的目的去放牛的？怎么可能！”教师反驳。

“可是，放牛、看书、看荷花真的快乐。快乐才会被荷花感动，被荷花感动才想起要画荷花。最后才成了画家！”李旭冉不服气。

“哦，我明白了。结合张悦媛、李旭冉的发言，可以知道放牛有三方面的好处：第一，补贴家用；第二，边放牛边看书；第三，无拘无束地欣赏湖上风光、自然美景。然后才有可能被荷花感动，从而产生作画的冲动。当然，这一切都需要一个前提，那就是我们开头就讨论到、感念到的——”

“秦家人的善良。让他吃得饱、挣到钱，而且有空闲。”

“‘我在学堂里也闷得慌’，这话是否出于真心？”

“是真心。王冕心安了。王冕虽然很想上学，但是想到母亲供他读书的艰难，王冕很不安。放牛让王冕心安了！”朱翔宇大声说。

三、自主的阅读

“呵呵，看看！看你们说到放牛的样子！好羡慕！好向往！是的，正是自由舒展的放牛生活，解放了王冕的心灵，擦亮了王冕的眼睛，激发了王冕对自然的热爱，点燃了王冕潜藏的绘画天赋。一个问题！放牛是促使王冕学画的唯一原因吗？七岁到十岁，三年学堂生活与王冕学画没有关系吗？”

“有，三年学堂生活他勤奋学习。”“三年学堂生活让他有了自己读书的能力。”“看不懂他就去学堂问老师，老师一定喜欢教他。”“看书让他明白了许多道理，这些道理对他学画都有帮助。”

“根据何在？”

不知不觉三四年过去了，王冕读了不少书，也明白了许多道理。

“哦，这是第五段开头。第五段是要求背诵的段落。在第五段，讲完读书的好处，紧接着就写夏日骤雨和雨后荷花的美丽。这样写是很有意味的！再看这段结尾，表面上没有一个字提到书，其实就是在说阅读给王冕的启发和帮助。看到了没有？读！”

王冕不禁看得入了迷，心里想道：“古人说‘人在画图中’，真是一点不错。可惜这里没有一个画工，把这荷花画下来。”随后转念又想：“天下哪有学不会的事？我何不自己画几笔？”

“在当时，在乡下，村村都有放牛娃。在夏天，在户外，经常看见雨后荷花，十分喜欢雨后荷花的当然不止王冕一个！为什么只有王冕被感动，为什么只有王冕有了作画的冲动？原因何在？答案请在文中找。”

“‘人在画图中’，真是一点不错。书中读到的诗文让他对美景更有感觉。”“天下哪有学不会的事情？书里读到的道理给了他自己学画的信心和勇气。”学生纷纷作答。

四、荷花的召唤

“是啊，没有这些诗文的熏陶和陪伴，没有这些道理的指引和鞭策，小小放牛娃不可能独自踏上自学成才的漫长之路。所以，对王冕来说，村学堂与七泖湖一样重要！当然，还得有天赋，还得有雨后荷花的冲击与震撼。这是纯净美好的自然在纯净优雅的童心引起的兴奋与感动！读。”

一天，正值黄梅时节，天气闷热，王冕放牛累了，便在绿草地上坐着。转眼间，阴云密布。一阵大雨过后，天空中黑云边上镶着白云。阳光透出来了，照得湖水通红。山上青一块，紫一块；山下树木葱茏，青翠欲滴。树枝像水洗过一般，绿得尤其可爱。湖里有十来枝荷花，花苞上雨水点点，荷叶上水珠晶莹透亮。

（1）阅读懂得的道理；（2）雨后荷花的美丽；（3）诗书与荷花共同唤醒的艺术生命。其实这就是在划分层次。分析与感悟并重，分析与感悟融合，乃是看云的原则。到此为止，成就王冕的几个因素已全部凸显。

五、不染的童心

看看快要下课，教师又读末一段：

> 到了十七八岁，王冕离开了秦家。他每天画些画，读读古人的诗文。春光明媚的时候，王冕就用一辆牛车载着母亲，到村上湖边走走。母亲心里十分欢喜。

“慈爱的母亲、善良的秦家，关爱帮助王冕的，除了母亲和秦家还有谁？七八年一直陪伴他、抚慰他的——还有谁？”

“还有牛！”

“对，还有牛。还有树，合抱粗的柳树；还有湖，风光迷人的七泖湖。所以，离开秦家之后，每当——读！”

> 春光明媚的时候，王冕就用一辆牛车载着母亲，到村上湖边走走。母亲心里十分欢喜。

“为什么是牛车而不是马车？就是因为牛车走起来很慢很稳，因为王冕对牛充满感情。这时候，王家的日子已今非昔比；这时候，王冕已是远近闻名的画荷高手，可是在老母亲的眼里，在合抱粗的大柳树下，在风光迷人的七泖湖边，王冕依然像个什么人？依然是个什么人？”

“依然像个孩子。依然是个孩子。”

12月12日 / 星期五 晴

李白、孟浩然和凯莉

一、配乐朗诵

“翻到第25课，我们学习《黄鹤楼送别》。老师想演一出配乐朗诵。问：我会用什么音乐？”

“民乐。”“琴箫。”

“为什么不是钢琴、提琴或电子音乐？”

“因为这是唐诗故事。”

“哦？你们听——”

钢琴，缓慢而深情，像是牵手徘徊的踱步，又像是无语凝噎间寸寸逝着的光阴。短暂的前奏之后，英文歌声响起。忧伤，节制，婉转，开阔。和着歌声的节奏，教师一字一韵地读道：“暮春三月，长江边烟雾迷蒙，繁花似锦。”

“年轻的李白正在黄鹤楼上为大诗人孟浩然饯行。”仿佛受了某种召唤——不约而同地，学生齐声跟上。

“黄……”教师举手示意段落之间的停顿。一句唱罢，教师于歌声重启处扬手，师生一起读：

> 黄鹤楼俯临长江，飞檐凌空。李白和孟浩然一会儿仰望蓝天白云，一会儿远眺江上景色，都有意不去触动藏在心底的依依惜别之情。

歌声由沉郁婉转变得暗潮涌动，仿佛静默许久的人终于开口。孩子们灵极了！一段读毕，他们看着老师随歌声起伏的手势。一边凝神谛听，一边等待寻找。寻找发声的节点。

> 终于，李白举起了酒杯说：“孟夫子，您的人品令人敬仰，您的诗篇誉满天下。自从我结识了您，就一直把您当作我的兄长和老师。今天您就要顺江东下，前往扬州，不知我们何日才能再见面，就请您满饮此杯吧！”孟浩然接过酒杯，一饮而尽，然后说道：“王勃说得好，‘海内存知己，天涯若比邻。’虽然我们暂时分别了，我们的友谊却像这长江的波涛永世不绝。”

歌声略微变得激越，仿佛孟夫子含蓄而澎湃的自负：“虽然我们暂时分别了，我们的友谊却像这长江的波涛永世不绝。”

激越之后，歌声归于低回。孩子不再抬头看教师了，随着轻柔的节拍，他们点一点头，然后又读。而此时的歌声，竟如特为朗读而作的副歌。

岸边杨柳依依，江上沙鸥点点。友人登上了船。白帆随着江风渐渐远去，消失在蓝天的尽头。李白依然伫立在江边，凝视着远方，只见一江春水浩浩荡荡地流向天边……

自言自语般，平和低回中渐渐起了波澜。前尘往事都到眼前！听不懂的歌声还在继续，感情的波澜远远荡开。孩子又停住了。波澜尽头，歌声如洪波涌起，突然变得激昂高亢。

李白按捺不住激动的心情，随即吟出了脍炙人口的名诗——《黄鹤楼送孟浩然之广陵》：

故人西辞黄鹤楼，
烟花三月下扬州。
孤帆远影碧空尽，
唯见长江天际流。

歌声依旧在，洪波逐浪高。女声的副歌次第响起，因了这副歌的应和，冻凝的深悲落到了体贴的温泉——得到了疏解与抚慰。

失去你

渐渐远去的歌声中，教师在黑板上写出歌名。几个孩子掩面而泣。这一刻，消融了古今中外的隔阂；这一刻，虚化淡化了具体情境。这一刻，充满内心的只有一种普世的体验——爱的渴望，情的需求，对朋友的眷恋，对孤独的恐惧。

二、另一条路

《失去你》，歌者玛丽亚·凯莉。这首歌以前听过。过分新鲜的刺激，于叙述别情的课文很不相宜。

“丝不如竹，竹不如肉。”在古人看来，肉质的歌声永远比丝竹器乐更能触动肉质的人心。《失去你》唱的究竟是什么？教师一句不懂，也不想懂。然而，对于我们来说，恰是这种一句不懂，使得《失去你》兼具了歌唱与纯音乐的好处。也许正是因为这种好处的诱惑，恩雅才有意用了几乎无人能懂的古凯尔特语演唱《指环王》插曲。其目的，就是要让听众挣脱语言的局限、分割与羁绊，回到朦胧、完整、纯净的初心。

母语教学重感悟，感悟的途径大致有二。用得较多的是创设情境、进入情境，从而理解情感、体会感情。比如通过播放古雅民乐、朗诵赠别唐诗、讲述唐诗故事等手段导入新课或穿插教学。这是以“我”趋“他”的路径。这是以人物“他”为中心的教学。

另一条路就是今天所走的：借用特定的英文歌曲，虚化、淡化了唐代、暮春、黄鹤楼、长江边的特定情境，或者干脆说教师今天的目的就是要脱境入情——有意带学生出离特定情境的束缚，有意为学生打碎特定情境的禁锢，用“天后”级歌星玛丽亚·凯莉震撼人心的放歌，用花叶相异而根本相通的英文歌曲，强力唤醒沉睡在孩子那里的原型性质的东西：唐朝人，现代人，中国人，外国人……人同此心，心同此理的“集体无意识”的情感与体验。其实这也是在创设情境，更侧重于“情”的情境，是情之境。

这是以“他”趋“我”的路径。这是以“我”为中心的教学。不管走哪条路，不管以谁为中心，当“我”与“他”融合为一的时候，无论相会的地点在哪里，结果都是一样的。

12月15日 / 星期一 晴

有生命的文章

已有58个孩子买了《全阅读》。上周教师即预告了今天的朗读内容。“凡有书的，在家都给我把三篇念熟了。到时候点名叫你起来，读不好，后果很严重！”

一课三篇。40分钟大约分为15∶15∶10。

怎么知道它是否有生命

［法］碧姬·拉贝米歇尔·毕奇 / 著

潘林、王川娅 / 译

这颗星星是活着的吗？那块岩石呢？还有那片小草的嫩叶？事实上，我们知道当一个物体吸取养分的时候，它就是活着的，就有生命；一朵沐浴在阳光和雨水中的鲜花，靠着水、空气和阳光里的养分，不断生长开放。另外，当一个物体能进行自我繁殖的时候，也就是说当它能够创造出其他生命的时候，也说明它是活的。而一块石头却永远不能繁殖出别的石头来。

借助花粉在空中曼舞和蜜蜂的辛勤劳动，一片片雏菊在田野上随风摇曳、生长繁殖。在我们居住的星球上，存在着几十亿种生命，真是数不胜数。我们怎能数得清所有的草木、贝壳、蜘蛛、柳树、海藻、乌鸦、三文鱼、蚯蚓和人类呢？

生命的世界，不仅是人类的世界，而且也是海藻、花草、树木、苍蝇、老鼠、蛇、狮子与狗的世界。

星球、岩石、沙粒、黄金等不属于生命的世界，它们的世界是一个物质的世界。

这是第一篇。几个孩子自告奋勇。点将，轮读，齐读，然后提问。答案都在文中。提问的目的，就是为了让他们更有兴味地朗读。

1. 怎样知道一个东西是否有生命？

2. 地球上的生命有多少？

3. 生命的世界，仅仅是人类的世界吗？

4. 什么叫作物质世界？

最后，让孩子读各自喜欢的语句。只是读，不必讲原因。读得好呢，大家就跟着读你喜欢的语句。这一环节，场面十分活跃！

“薛老师，怎么我读这样的文章，舌头总感觉有点绕不过来，好像生锈了呢？语言新鲜，还有些浪漫。句子一跳一跳的，段和段之间的过渡斩钉截铁！跟课文味道一点都不像！”一位同事这样说，语气里有惭愧、敬畏，更有惊喜、迷恋，“还真要聚精会神呢！还真要小心翼翼呢！让我再读一遍给你听吧！看我的舌头和心能不能变得灵光一些！”

这是关乎生命的文章。这是真正有生命的文章！字里行间，如闻啼笑，那是生命的气息在流溢。打开书卷，默默地凝望你——等你发声去念的那些文字，新鲜、润泽、热切，如同充满期待的儿童清澈的眼睛。

人类的生命

［法］碧姬·拉贝米歇尔·毕奇／著

潘林、王川娅／译

一个人生命的精神价值远远超过他躯体本身。当然，每个人都像动物一样，需要生长、吃饭、喝水、呼吸、睡觉、拉屎、撒尿、洗澡、保养身体。但是他的生命同时也是交谈与倾听、阅读与爱恋、观赏日落、吟诗作画、痛哭流涕，还有许许多多别的东西。

如果我们描述一朵花儿的生命，我们可以这样说：

“这朵花是红色的，并带有黄色的斑点。它的生长期是两个星期。它有三十五个花瓣儿，但是，凋谢得很快。”

当我们描述狮子的时候，我们将告诉别人：

“它跑得快极了，它有粗大的爪子，它吃斑马。它的皮毛非常漂亮。它和母狮子生小狮子……”

但是，当我们叙述一个人的生命时，我们不会说：

“他吃鸡蛋和鱼，他跑得不如长颈鹿快，但是比蚂蚁快。他用两只脚走路。当他衰老的时候，他会变得僵硬。他身上的毛扎人。他打哈欠，特别是晚上……”

我们宁愿说：

“他喜欢音乐，他热恋朱丽叶，他为好友的离开而伤心落泪。但是，当他的孩子做鬼脸的时候，他笑得很开心。他会制作美丽的木雕……”

这一切使我们的生命成为人的生命，而不是一个植物的生命或者一个动物的生命。正是因为如此，绝不能将人类的生命同其他任何一种生命相提并论。

所有的人都赞成彻底禁止杀人，没有一个人对此唱反调。可是，人们并没有按照他们所说的去做。他们发动战争，自相残杀。

然而事情并不那么简单：当我们遭到攻击的时候，

是坐以待毙呢，还是奋起自卫将敌人消灭？如果入侵者的头儿是个疯子，他要斩尽杀绝别的人群，能对其听之任之吗？有的时候，杀人是为了保护自己，或者是为了避免更多的死亡。有时我们为保护生命而杀人。

尽管如此，我们仍然坚信一个人的生命，无论是谁的，比一切都重要。

第一遍几个孩子轮流读完。魏鹏读得最好，响亮、准确、富有激情。特请他通读全文。男孩一气呵成的通读，震撼、凝聚了大家的心。

掌声之后，教师又问：

1. 我们可以怎样描述一朵花儿的生命？

2. 我们可以怎样描述一头狮子的生命？

3. 我们却不能怎样叙述一个人的生命？

4. 为什么不能这样描述？

5. 一个人生命的价值主要在哪里？

6. 在保养好身体的前提下，怎样才能让自己的生命变得富有？

面对最后一问，他们迟疑了。短暂的沉默之后，韩玉琤站起来，响亮地回答："就让我们交谈与倾听、阅读与爱恋、观赏日落、吟诗作画、痛哭流涕。因为一个人生命的精神价值远远超过他躯体本身。除了这些，我们还可以去做许许多多别的事情。那些可以让我们的精神变得纯洁、高贵和富有的事情。”

“人的生存和尊严需要有一定的物质基础，但人生的幸福，并不完全依赖物质财富。人生的幸福，更依赖精神的富有。只要我们的心是灵敏的，眼睛是灵敏的，耳朵是灵敏的，随时随地——随时随地！都可以领略、都可以拥有——世界赠予我们的宝藏和礼物。”由于时间关系，有关“杀人”的问题我们没有讨论。

教师轻轻一转，朗读进入第三篇。相比前两篇，这一篇的味道是我们比较熟悉的。轮流朗读，齐声通读。也就结束了。

我们奇妙的世界（节选）

［英］彼得·西摩／著　马丽／译

这个奇妙的世界里充满了宝藏——各种颜色、各种形状、各种尺寸、各种体积的宝藏，这些都需要我们去寻找。

天空向我们展示了许多宝藏。

清晨，我们看到了日出，带给新的一天光明。开始天空呈粉红色，慢慢地变成了蔚蓝色，太阳就像一个大火球一样升起来了。

有时，云彩在蓝色的天空中飞行，它们就像经过雕饰一样，呈现出各种奇妙的形状，这会告诉我们许多奇妙的故事……

当云彩变得又黑又重时，雨点就会噼啪地降落在大地上。

雨后，我们会看到地上有许多水洼，它们就像许多有趣的镜子一样，反射着我们的脸。

一天结束了，落日的余晖不时地变幻着颜色，好像上帝在天空涂上了金色、红色和紫色。

黑夜降临了，我们看见夜空中有群星在闪烁，就像千千万万支极小的蜡烛在发光。

地球也向我们展示了许多隐藏的财富。

板书：

世界
- 生命的世界
  - 人的生命：精神价值（感受世界的奇妙）
  - 动植物的生命：躯体价值
- 物质的世界

12 月 25 日 / 星期四 晴

没有礼物的圣诞节

调课，昨天上《日有所诵》。希望他们回家把《赠品》读给父母听并记下父母的反应。

“即便老师做了解释，作为孩子的你们，现在也不能真正理解《赠品》的意思。所以，请读给父母听；所以，请格外留意父母的反应。一定很有意思！”

阳光灿烂的早晨，第一节语文课。“昨晚将‘赠品’送给父母的——请举手。”

61 个人，没有一个人举手。

“今天是圣诞节。告诉我读了，把父母的反应讲给我听——这是我期待的圣诞礼物。可是，你们看，老师白白伸出请求的双臂，两手空空啊！今天是圣诞节，对于我来说，这是一个没有礼物的节日。尽管如此，我仍要送我的礼物给你们。”

一片羞愧的寂静中，教师开始朗读《圣诞节礼物》。第一次听到赛珍珠的这篇文章，是在 2003 年，是上届孩子在圣诞节前的一次读书课上读给我听的。

朗读结束，掌声响起。

"'啊！多么美好的圣诞节！当父亲把刚才发生的一切告诉母亲的时候，他又羞愧又自豪，那颗心又激动地跳动起来。'今天的问题只有一个：罗伯为什么感到羞愧？"

"罗伯想到自己平时起床磨磨蹭蹭。""这么一件小事，父母居然那么幸福。""罗伯觉得自己早该这样做的。""罗伯更加强烈地意识到父母对自己的爱，他也意识到父母需要自己的爱。""他觉得自己为父母做得太少了。"

"是啊，父母爱我们，父母需要我们的爱！今天是圣诞节，我希望——我再次希望今晚你们能把《圣诞节礼物》读给父母听。这是你们送给父母的圣诞礼物，也是对老师的补偿。愿意读的，保证说到做到的，请举手。"

58个孩子举手。怎么可能61个孩子都读?！但我已经学会——只将目光和心思聚焦于那些读的孩子。如此我才能兴致勃勃，如此我才能心平气和。而当教师兴致勃勃、心平气和，大大受益的，将是所有孩子。

如果收到期待的礼物，教师自然高兴。没有收到期待的礼物，于失落的心境中，教师依然送出预备的礼物——当礼物送出，当心情因为孩子专注的倾听、真诚的承诺而恢复愉悦平静，教师深为自己感到高兴。

这份于失落的荒野收获的愉悦平静，是教师为自己赢得的礼物。

一年将尽，回顾日志，心中常觉恍惚：这样的记录，与其说是班级共同经历的教学过程，不如说是教师独自走过的心路历程。说过的话，流过的泪，究竟有多少印在孩子的心中，究竟是播下的种子还是过耳的轻风，实实在在，教师是不得而知啊。然而还要说，然而还要做，然而还要求索，然而还要记录。如此说如此做如此想如此写，究竟是出于工作的需要还是出于自我疏解、自我鼓励、自我确认、自我迷恋的需要——教师也是不得而知。

班级是道场，教室是道场。工作其实就是修行。而修行，说到底就是修心。也许，如此说如此做如此求索如此记录的最终——最真实的成果，不在学生身上，而在教师内心。

说过做过想过写过，幼稚、浮躁、脆弱的一个人，慢慢趋于成熟、宁静、刚毅。

山自兀立水自流。果能如此，夫复何求？

附：

赠　品

我要送些东西给你，我的孩子，因为我们同是漂泊在世界的溪流中的。

我们的生命将被分开，我们的爱也将被忘记。

但我却没有那样傻，希望能用我的赠品来买你的心。

你的生命正是青青，你的道路也长着呢，你一口气饮尽了我们带给你的爱，便回身离开我们跑了。

你有你的游戏，有你的游伴。如果你没有时间同我们在一起，如果你想不到我们，那有什么害处呢?

我们呢，自然的，在老年时，会有许多闲暇的时间，去计算那过去的日子，把我们手里永久失了的东西，在心里爱抚着。

河流唱着歌很快地流去，冲破所有的堤防。但是山峰却留在那里，忆念着，满怀依依之情。

12月29日 / 星期一 阴雨

搬走岩石：《三个怪物》

一、看

《三个怪物》

［英］大卫·麦基 / 文、图　阿甲 / 译

读过板书，朗读开始。

封面。“红、黄、蓝！三个怪物！”孩子们欢呼着。瞬间，教师若有所悟：红、黄、蓝，为什么偏偏是三原色？懒惰与勤勉，傲慢与谦卑，自作聪明与大智若愚，无所事事与勇于创造——三色怪物所体现的那些看似对立其实共生的秉性，不正是人性的本色吗？

跨页。整幅蜡笔“儿童画”。稚拙，荒凉。

“一个字也没有，你们看到什么了？”

“三个怪物的家。”

“这样的居住环境怎么样？”

“不怎么样。”“好荒凉，好碍事，到处都是大岩石。”

“如果你就住在这里，你会怎么办？”

“搬家！”“把岩石搬到海里去。”“用岩石建起一座城堡。”

书名页。“又看到什么了？”

“三个怪物。”“红怪物和蓝怪物肩并肩，跟黄怪物面对面。”

“他们可能是什么关系？”

“黄怪物是爸爸，另外两个是孩子。”“黄怪物是孩子，那两个是爸爸妈妈。”

“联想刚刚看到的那片居住地，如果不是一家子，他们可能是什么关系？”

“黄怪物是主人，另外两个是外来客。”“或者黄怪物是外来的。”

“仔细看。显而易见，大卫·麦基创作红怪物的灵感来自——”

“恐龙！”“犀牛。”

“蓝怪物呢？”

“河马。”“斑马。”

“黄怪物呢？”

“梨子！”

“还有印第安人。”教师补充道。

二、读

从前，有两个怪物。他们住在大海和丛林之间的一个地方，那里到处都是岩石。

每天，一个怪物会说：“我们应该弄走这些岩石。”

每天，另一个怪物会回答：“好啊。也许，明天吧。”

然后，他们就大笑起来。

他们是两个非常懒惰的怪物。

“呵呵！”孩子们笑起来。那声音，有点亲切有点傻。

一天，两个怪物站在海边张望。

一个怪物说：“看！一条船。”

“船里面还有东西。”另一个怪物说。

“呵呵。”又笑。

“笑什么？”

“有事不干，他们空虚无聊！”

那条船越来越近，最后靠了岸。

一个黄皮肤怪物走了出来。

“呃！”两个怪物齐声怪叫。

“啊呃！”高尚肆无忌惮地，学着两个怪物的样子，掩面后仰怪叫起来。

“看见没有？听见没有？少见多怪，一惊一乍，空虚无聊的人就是这个样子！”

“哈哈！”一片笑。高尚也笑。

“噢，最尊敬、最英俊的阁下，”黄皮肤怪物说，“一场地震毁掉了我的家园。我正在寻找一个可以居住的地方。”

“这儿没有，你这个满身奶油色的赖皮爬虫，”第一个怪物说，“赶快离开这里吧。”

“噢，高贵、仁慈的先生，求求你们，一小块儿地方就行。”黄皮肤怪物说，“对两位尊贵的大人，没准儿我会很有用的。”

“滚开！”第二个怪物吼道，“我们这里不欢迎任何滑稽可笑的陌生人。”

“等一等，”第一个怪物对第二个怪物低声说，“他说他‘很有用’呢。”

然后，他对黄皮肤怪物说：“待在这儿，你这个芥末黄脸壳的家伙。”

两个怪物走到了岩石后面去说话。他们没有注意到，黄皮肤怪物也悄悄地跟了过去。

“可以让那个黄皮肤傻瓜用他的船把这些岩石运走，再倒入海中。”第一个怪物说。

“可是，他也许会要一些我们的土地作为交换。”另一个怪物说。

“没关系，”第一个怪物说，“我们可以给他一些土地——就是他运走的那些岩石。”

黄皮肤怪物听了，赶快回到原来的地方。

两个怪物回来了。“好吧，你这个黄皮肤的牢骚鬼，”第一个怪物说，“把这里的岩石都清理干净，然后我们会给你一些土地。”

“噢，高贵的大人，你们真的会给我吗？你们敢以怪物的名誉发誓吗？”黄皮肤怪物问道。

“我们以怪物的名誉发誓。”两个怪物异口同声答道。

“如果是你，干不干？”

“不干！”“明明是在骗人欺负人！”很多人回答。

“我干！”邢虎威说，“我可以用那些巨大的岩石，建起一座属于自己的小岛。”

“很聪明！但是，光有聪明是不够的，要想建起小岛，你还必须具备什么条件？”

“我还必须很强壮，能够搬走那些巨大的岩石。”

> 黄皮肤怪物马上开始了工作。
>
> 他真的很强壮。

“哦！”孩子们惊呼起来。他们看见：抿着嘴，咬着牙，目光坚毅而自信的黄皮肤怪物负着巨石，吃力而稳健地走向小船。

之后的回顾和讨论中，我们将这一画面看了又看。

三、谈

> “喂！有着漂亮金丝雀黄色的聪明佬，”第二个怪物喊道，“我们可以去拜访你吗？”
>
> “非常欢迎，两位可爱的朋友！”黄皮肤怪物大声回答，“只要我也能去拜访你们！”

跨页。小岛，花木葱茏。没有一个字的这一幅，满纸满页，都是绚烂丰盛的敬意。没有一个字的这一幅，让人想起书名页前的那一幅——那个岩石纵横的荒凉所在。边谈边看，回顾与讨论由此开始。

1.“非常欢迎，两位可爱的朋友！”黄皮肤怪物这样称呼两个怪物，是否发自内心？两个怪物可爱吗？

2. 建成属于自己的小岛，需要哪些条件？

3. 美丽小岛的美丽是否只属于黄皮肤怪物一人？

4. 为什么黄皮肤怪物希望拜访另外两个怪物？

5. 因为黄皮肤怪物的劳动，海边已经平整。当黄皮肤怪物离开之后，那里可能发生什么变化？

6. 我们身上有没有三个怪物的影子？

7. 我们的心里有没有岩石？我们将怎样搬走它们？

每个灵魂的深处都有荒凉沉重的岩石覆压。孩子也是这样。学习黄怪物，学做黄怪物。凭着信念、智慧、忍耐与强壮，帮助他们，搬走岩石。用搬走的岩石、泥土和植物建起属于自己，也属于孩子的美丽岛屿，这就是教师的生活。

“学生的岩石就是教师的岩石。搬走岩石确实是我们的使命，但我们的岩石谁来搬呢？没准儿，我们会被双重岩石给压死的！”李老师说。

这是问题的另一面，更重要的另一面。

附录

Appendix

索 / 引

讲述与朗读

孩子的文字

班/级/书/单

中国作品

系列图书

连环画《红岩》（全8册）

韩和平、罗盘 等/原著，可蒙/改编，韩和平、罗盘 等/绘

《山城风暴》

《烈火红心》

《曙光在前》

……

中国连环画经典故事系列《铁道游击队》（全10册）

连环画出版社

《血染洋行》

《飞车夺枪》

《夜袭临城》

……

单本图书

《我的一家》

陶承/著

《从百草园到三味书屋》

鲁迅 / 文，大钧 / 图

《我的妈妈是精灵》

陈丹燕 / 著

《追赶太阳的孩子》

余雷 / 著

《等你回家》

吴洲星 / 著

《女儿的故事》

梅子涵 / 著

国外作品

单本图书

《铁丝网上的小花》

[意] 克里斯托夫·格莱兹、[意] 罗伯特·英诺森提 / 著，[意] 罗伯特·英诺森提 / 绘，代维 / 译

《极地特快》

[美] 克里斯·范·奥尔斯伯格 / 文·图，杨玲玲、彭懿 / 译

《一片叶子落下来》

［美］利奥·巴斯卡利亚 / 著，任溶溶 / 译

《铁路边的孩子们》

［英］伊迪斯·内斯比特 / 著，任溶溶 / 译

《毛毛》

［德］米切尔·恩德 / 著，李士勋 / 译

《魔女宅急便》

［日］角野荣子 / 著，［日］林明子 / 绘，彭懿、周龙梅 / 译

《霍比特人》（又译《哈比特人历险记》）

［英］J.R.R. 托尔金 / 著，吴刚 / 译

《科瓦奇讲古希腊》

［英］查尔斯·科瓦奇 / 著，张天鸽 / 译